Je choisis

parce que c'est ma vie

ScienciaScripts

Imprint
Any brand names and product names mentioned in this book are subject to trademark, brand or patent protection and are trademarks or registered trademarks of their respective holders. The use of brand names, product names, common names, trade names, product descriptions etc. even without a particular marking in this work is in no way to be construed to mean that such names may be regarded as unrestricted in respect of trademark and brand protection legislation and could thus be used by anyone.

Cover image: www.ingimage.com

This book is a translation from the original published under ISBN 978-3-330-08723-1.

Publisher:
Sciencia Scripts
is a trademark of
Dodo Books Indian Ocean Ltd. and OmniScriptum S.R.L publishing group

120 High Road, East Finchley, London, N2 9ED, United Kingdom
Str. Armeneasca 28/1, office 1, Chisinau MD-2012, Republic of Moldova, Europe

ISBN: 978-620-7-27389-8

À mes enfants bien-aimés Betka et Kubko

Remerciements

Je tiens à remercier tous les membres de ma famille, mes collègues, mes formateurs, mes enseignants, mes consultants et mes amis pour leur soutien et leur confiance en moi et en ma façon de comprendre le monde extérieur. Je remercie tout particulièrement Gabriela Lojova, Jim Wright, Katarina Schwarzova, Klaudia Bednarova, Daniel Bacik, Paul Davis, Vicki Plant, Zuzana Silna, Doris Suchet et Mario Baranovic qui ont accepté mon invitation et ont offert au lecteur leurs points de vue et leurs explications sur ce que représente le concept "Learn&Lead".

Il y a quelques autres personnes exceptionnelles qui ont non seulement façonné ma vie, mais qui ont aussi apporté des contributions précieuses que nous sommes en mesure de donner à nos clients aujourd'hui. Je voudrais les remercier ici : Eva Parsova, Andrea Rebrova, Andrea Kacova, Jozefina Sturdikova, Svetlana Polakova, Fero Rigo, Andrea Kutna, Lucia Lackovicova, Jana Lehotova, Monika Miklankova, Claire Vepy Page et un certain nombre d'enseignants, de formateurs, de managers, de consultants et de chefs d'entreprise formidables qui humanisent l'enseignement de l'anglais dans le monde entier.

En outre, je remercie tout particulièrement Livia Madaraszova, dont la perspicacité et l'intérêt profond pour la personne que je suis durant une phase critique du développement de Learn&Lead ont enrichi ma perception de la réalité et m'ont encouragé à continuer à faire confiance au processus que je conduis.

Enfin, mes remerciements vont à Roman Hirner. Il est à mes côtés et soutient notre école dans son développement en tant que nouveau partenaire commercial.

Enfin, je voudrais remercier mon mari bien-aimé pour sa patience inépuisable, son amour inconditionnel et les soins énormes qu'il nous a prodigués, à moi et à nos enfants, au fil des ans, et qu'il continue à nous prodiguer fidèlement.

Jana Chynoradska

TABLE DES MATIÈRES

1. AVANT-PROPOS

Je CHOISIS parce que c'est ma vie est un recueil de déclarations de personnes qui ont fait partie de ma vie familiale et professionnelle au cours des sept dernières années. Au cours de cette période, j'ai dû faire face à un nombre incalculable d'obstacles dans mon développement personnel et professionnel, qui est aujourd'hui étroitement lié au développement de la marque *Learn&Lead*. Parfois, je me suis retrouvé dans un "enfer" qui me rappelait les "erreurs" que j'avais commises dans le passé. Ce que j'avais négligé, ce que j'avais préféré à d'autres choses, peut-être plus importantes. J'étais au carrefour de ma vie et j'avais le choix : soit continuer le voyage déjà commencé, bien qu'extrêmement ardu, plein de "mines" et d'obstacles presque insurmontables, avec une vague vision de la victoire, soit tout abandonner et renoncer à quelque chose que je désirais et vivais de tout mon être. Plus j'essayais de vivre de manière responsable, plus les adversaires et les difficultés semblaient attirés par ma vie. Chaque matin, je me levais avec la conviction qu'"aujourd'hui", la situation s'améliorerait, ce qui me soulageait et me rendait heureux du "travail bien fait". Au cours de la journée, j'ai essayé d'aborder pleinement les questions qui nécessitaient ma présence en tant que directrice, mère, épouse, professeur de langues, fille ou amie. J'ai beaucoup appris sur les motivations des autres et leur vision de la vie. J'ai essayé avec acharnement de communiquer mon point de vue aussi clairement que possible à tous ceux qui faisaient partie de ma vie à cette époque. Cependant, les tâches s'accumulaient, les gens étaient de plus en plus nombreux et ma capacité a progressivement atteint ses limites. Je n'avais pas le temps de répondre aux courriels, j'étais trop fatiguée pour suivre toutes les personnes impliquées et leurs différentes orientations, je n'arrivais pas à organiser ma vie comme je l'avais imaginé. Je réfléchissais de plus en plus à l'essence de la vie et à mon rôle. J'ai trouvé quelques vrais amis, sympathisants et camarades dans mon entourage. J'ai commencé à communiquer à l'extérieur ce qui se passait en moi et dans ma vie au cours de ce voyage aventureux. J'ai commencé à écrire des projets qui devaient nous aider à trouver la voie à suivre ; j'ai accepté le téléphone portable, les réseaux sociaux et le monde virtuel de l'internet comme faisant partie de ma vie et j'ai commencé à composer progressivement une tapisserie colorée d'un cadeau précieux - ma propre vie. J'ai rendu Harmony accessible à tous ceux qui voulaient y travailler et j'ai accepté les conditions de la coopération. J'ai ouvert la gestion de notre école à des leaders et à des managers créatifs, et aujourd'hui je suis au seuil d'une nouvelle vague de croissance. Je crois qu'elle trouvera exactement les partisans pour lesquels j'ai subi cette difficile "épreuve" avec mon équipe. Nous sommes ici pour nous entraider dans nos vies, pour nous soucier des autres et pour les inspirer à faire de grandes choses.

Aujourd'hui, je sais que rien dans ma vie n'a été une erreur. Tout ce que j'ai fait n'a pas été vain. Toutes les personnes avec lesquelles je suis entré directement ou indirectement en relation ont apporté dans ma vie exactement ce qu'elles devaient apporter. Grâce à elles, je suis aujourd'hui plus sage, plus perspicace, plus prudent, plus humble et plus discipliné. Je sais qui je suis, où et pourquoi je vais. Aujourd'hui, au nom d'Harmony, je choisis la voie *Learn&Lead* avec tout le sérieux et la responsabilité nécessaires pour que nous accomplissions ensemble notre mission *"lead to learn"*.

Jana Chynoradska, le 28 février 2017

2. JANA CHYNORADSKA

Jana Chynoradskd est la fondatrice, la directrice principale et la formatrice de l'Académie HARMONY. Elle est également présidente de l'Association slovaque des écoles de langues. Jana est diplômée de la faculté d'éducation de l'université Comenius. Elle est titulaire d'un diplôme en langue et littérature anglaises et d'un doctorat en méthodologie anglaise. Elle se caractérise par sa soif incessante de connaissances et sa conviction que le potentiel de chaque personne pour accomplir de grandes choses est endormi. Son chemin d'apprentissage est pavé d'efforts considérables, d'autodiscipline et de travail quotidien. Elle croit que la vraie beauté et la sagesse peuvent être obtenues non seulement à destination, mais aussi au cours de ce voyage aventureux. Jana consacre tous ses efforts à cette philosophie. C'est pourquoi elle est l'autorité naturelle et la force motrice de toutes les innovations Harmony. En conséquence, elle lance des projets locaux et internationaux visant à développer des réseaux interculturels et internationaux dans les domaines des FLE, de l'éducation, de la communication et du leadership. Elle aime lire, voyager et rencontrer de nouvelles personnes. Ancienne joueuse de handball de compétition, elle recherche aujourd'hui, grâce au yoga, le calme intérieur, l'équilibre et l'harmonie dans son mode de vie.

Le chemin de la liberté est difficile. Il est semé d'embûches et de renoncements et s'ouvre à nous tout naturellement à chaque année de notre maturation. Plus nous sommes âgés, plus nous attendons de la vie, et plus nous attirons naturellement les situations qui nous mettent à l'épreuve et nous poussent à assumer de nouvelles responsabilités.

Entre 2010 et 2017, nous avons mené, avec nos enseignants et formateurs, une quête aventureuse de la connaissance, au cours de laquelle nous avons réussi à relier l'inconciliable et à créer l'impossible. Au cours de ce voyage, j'ai consigné des moments clés dans des lettres ou des messages que vous trouverez ci-dessous, accompagnés d'un bref avant-propos. Je le fais dans l'espoir que leur contenu puisse être utile à de nombreuses personnes qui doivent faire face à des défis similaires à leur poste de travail. Elles pourront y trouver un encouragement ou une motivation à chercher le chemin des gens et à communiquer vers l'extérieur leurs "mondes intérieurs". Leurs croyances, leurs attitudes et leurs opinions affectent l'organisation de la société dans son ensemble.

6 août 2015, Quand le moment est venu, il faut faire un pas en avant.

Lorsque j'ai présenté notre premier projet Learn & Lead en février 2010, je n'avais aucune idée de l'issue de ce voyage. Je n'ai fait que suivre mon cœur et mon désir d'aider mes formateurs à se développer. Tout comme j'ai suivi mon cœur en 2000. À l'époque, il s'agissait de mon désir personnel de me réaliser. Aujourd'hui, je sais qu'en février 2010, la deuxième vague de mon développement a commencé ; la phase qui a été et est toujours connue sous le nom d'Harmonie. Harmonie est née spontanément en septembre 2000, après deux premières années de difficultés dans le monde des affaires. Deux années de renoncement et d'efforts pour mettre en place un service intemporel pour Trnava à l'époque. Mais en plus de cet effort, Martin m'a tout naturellement invité à créer une école de langues. Je l'ai appelée Harmonie et en quelques mois, elle est devenue une école renommée et a attiré un certain nombre d'étudiants, d'entreprises ou d'organisations de Trnava et de ses environs. Dans la salle de classe, je travaillais toujours à plein régime et je partageais sans cérémonie l'histoire de mon entreprise avec les autres. J'espère avoir réussi à éveiller le désir de nombreuses personnes qui ont ressenti une vocation similaire - suivre leur propre voie et se lancer dans les affaires, que ce soit dans l'apprentissage des langues ou ailleurs.

Aujourd'hui, à Trnava (ainsi que dans d'autres villes slovaques), de nombreuses écoles ont trouvé leurs adeptes, de sorte que le gâteau de la formation linguistique privée est partagé entre plusieurs d'entre nous. Notre client - un étudiant - a le droit de choisir l'école qui lui convient le mieux, que ce soit en termes de lieu de résidence, de philosophie de l'école, de travail des formateurs ou d'installations de l'école, sans oublier l'attitude du personnel.

Aujourd'hui, Harmony est basée à Kapitulskd 26 à Trnava et offre la meilleure qualité d'apprentissage des langues aux enfants, aux jeunes, aux adultes, aux communautés et aux entreprises dans les environs proches et lointains. Cependant, l'impact d'HARMONY s'est étendu au-delà des frontières de Trnava, voire de la Slovaquie. 1t dépasse les frontières de notre pays et acquiert progressivement ses fans en France, en Angleterre ou en République tchèque, précisément grâce aux activités de projets internationaux qui permettent aux enseignants, formateurs et gestionnaires d'écoles de langues de se développer et de grandir sous le drapeau de

Learn & Lead depuis 2010. L'Association académique slovaque pour la coopération internationale (SAA1C) est le principal mécène de ce concept de développement ; elle nous aide à financer les projets de développement pour la poursuite de la croissance et le développement durable de nos formateurs, de nos gestionnaires, ainsi que de l'organisation elle-même.

Lorsqu'en 2010, j'ai été invité à une réunion constitutive des membres qui avaient créé l'Association des écoles de langues de la République slovaque (AJS SR), j'ai dû refuser l'invitation en raison de la situation critique dans laquelle se trouvait Harmony à ce moment-là. À cette époque, nous avons également lancé le projet Learn & Lead qui visait à créer un partenariat durable avec les deux écoles - Pilgrims d'Angleterre et GLS de France ; son objectif principal était d'établir trois centres d'innovation pour la formation continue et le développement des enseignants, des formateurs et des gestionnaires de l'apprentissage des langues. Deux ans plus tard, en septembre 2012, nous avons eu le plaisir d'inaugurer le centre d'innovation Learn & Lead lors du troisième atelier d'Europe centrale pour les professeurs d'anglais et de présenter l'offre de programmes de formation continue pour les professeurs d'anglais accrédités par le ministère de l'éducation de la République slovaque.

Cette période était le bon moment pour nous d'accepter l'invitation que nous avons reçue des représentants de l'AJS SR pour la deuxième fois afin de rejoindre leur organisation. Nous avons passé le processus de vérification et avons été solennellement adoptés en tant que nouveau membre en décembre 2012 avec l'autre école basée à Trnava - YOUR CHOICE, représentée par Silvia Holeczyovd qui a travaillé comme formatrice pour Harmony en 2000. Coïncidence ou intention ? Personnellement, j'apprécie ce partenariat ancien-nouveau car il souligne l'essence de notre lien originel : offrir une formation linguistique exceptionnelle et originale.

Dès le départ, notre adhésion à l'AJS SR avait un objectif clair : créer un environnement propice à la formation continue des enseignants et des formateurs dans le domaine de l'apprentissage des langues. J'ai régulièrement assisté aux réunions des représentants de toutes les écoles de langues, où j'ai vécu l'atmosphère, écouté les arguments, présenté mes opinions et, en outre, j'ai cherché une nouvelle voie de développement pour Harmony et AJS SR.

Depuis notre adhésion à l'AJS SR jusqu'à aujourd'hui, Harmony a " vécu sa vie " au maximum comme toute autre école de langue membre de l'AJS SR. En plus du fonctionnement actuel de l'école de langues, nous avons réussi à obtenir une subvention pour continuer à mettre en œuvre le concept de développement de Learn

& Lead, à savoir que nous l'avons obtenue deux fois. D'août 2013 à juillet 2015, nous avons développé un programme international innovant pour les parents intitulé "Parent as a Leader" et grâce au projet "Be lifelong learning (BeLLL)", qui a duré de juillet 2014 à juin 2016, nous avons finalisé un plan de carrière pour le développement d'un formateur Learn & Lead.

*En septembre 2014, j'ai décidé de franchir une étape importante pour Harmony, AJS SR et moi-même. J'ai décidé de commencer à rassembler des professionnels pour notre objectif commun - améliorer la qualité de l'apprentissage des langues et créer un système de croissance et de développement durable et à long terme des écoles de langues. J'ai proposé aux partenaires de l'AJS SR l'idée de créer un projet de formation continue des formateurs et des autres membres du personnel dans le domaine de l'apprentissage des langues, afin de **mettre en place un système fonctionnel, durable et efficace de formation continue des professeurs de langues étrangères**, de manière à accroître leur compétitivité et la qualité de l'apprentissage des langues en Slovaquie. Tout cela en lien avec mon expérience personnelle, mes compétences et mes connaissances acquises principalement à partir des "leçons apprises" dans ma vie personnelle et professionnelle. L'idée du projet a immédiatement attiré l'attention des partenaires, et nous avons ainsi réussi à constituer une petite équipe, composée de représentants des trois écoles de langues associées à AJS SR - Daniel Bacik de PLUS ACADEMIA, Silvia Holeczyovd de YOUR CHOICE et moi-même, le représentant de HARMONY ACADEMY. Notre coopération s'est accélérée entre janvier et mars 2015 et nous avons réussi à obtenir cinq partenaires étrangers (Italie, France, Angleterre, Lettonie, Malte) avec lesquels, fin mars 2015, nous avons soumis notre premier projet international au nom d'AJS SR par le biais de KA202 - Partenariats stratégiques pour l'enseignement et la formation professionnels dans le cadre du programme de l'UE ERASMUSplus et SAAIC.*

*Aujourd'hui, je peux dire avec fierté que ce projet a été **entièrement soutenu** par le SAAIC et que, pour toutes les personnes impliquées, une nouvelle étape de leur/notre voyage a commencé. Ces jours-ci, nous tous à AJS SR apprécions le succès de notre premier projet international "Apprendre, se former et travailler pour de meilleures perspectives et une meilleure employabilité" qui est une continuation naturelle des innovations déjà commencées dans l'apprentissage des langues initié et coordonné par HARMONY sous le drapeau de Learn & Lead depuis 2010 ; en même temps, il interconnecte d'autres projets de l'UE mis en œuvre dans l'apprentissage des langues en Slovaquie et à l'étranger.*

Personnellement, je suis heureux d'avoir pu gagner la confiance de mes collègues de l'AJS SR pour le lancement et le développement de ce projet visant à créer des programmes de formation pour les formateurs et les apprenants finaux - employés de deux industries, à savoir l'industrie automobile et le développement du tourisme - et à créer un plan de carrière pour le développement d'un formateur dans l'apprentissage professionnel des langues (PROLANT-CAP). Ce parcours vise précisément à créer une stratégie à long terme pour le développement et la croissance durable des écoles de langues associées à AJS SR.

Lorsque le moment est venu, vous faites un pas en avant. Vous vous engagez sur la voie de votre propre développement et franchissez progressivement les étapes qui vous attendent inévitablement sur ce chemin. Vous rencontrez des gens, vous communiquez, vous faites des affaires, vous êtes confronté aux conséquences de votre (non-)responsabilité, vous profitez des résultats de votre travail, vous observez les gens autour de vous et vous écoutez leurs réactions à vos propres décisions, qui ne sont pas toujours favorables et satisfaisantes. Mais vous savez que vous suivez votre propre voie. La voie qui donne un sens à votre vie personnelle. Une sorte de guide intérieur, cette voix intérieure que nous essayons souvent de faire taire, vous informe de la prochaine étape à franchir sur votre chemin et avec qui. Il faut avoir la volonté, le temps et le courage de l'écouter. Le courage d'écouter la voix intérieure qui vous révèle la nature de votre propre existence. Parce qu'elle est cachée en chacun de nous et qu'elle réside dans "les profondeurs de notre monde intérieur" qui est beau, parfait et précieux. L'interconnexion entre cette voix intérieure et votre raison, qui est logique, structurée et rationnelle, vous rend irrémédiablement certain de vos propres décisions.

Ici, à ce stade, je voudrais remercier tous les débats, conversations, réunions, ateliers, livres et retraites qui m'ont inspirée et que j'ai dû traverser pour découvrir mon monde intérieur et trouver le courage de le partager avec les autres. C'est un monde de paix, de compréhension, d'harmonie et de joie de la simplicité de la vie qui découle du fait de vivre pleinement chaque jour, avec gratitude, humilité et courage pour continuer à vivre sa propre vie selon ses souhaits. Chacun de nous a le droit d'être original, unique, donc forcément différent. Nous sommes nés comme tels, nous avons donc la possibilité d'être comme tels.

Et quel est mon message à tous ceux qui ont décidé dès maintenant de promouvoir cette idée dans leurs propres entreprises, écoles ou autres organisations ? Lancez-vous dès aujourd'hui, cela en vaut la peine !

14 février 2016, Enseignants, C'est possible ! La joie est mon/notre objectif.

Un message public à tous les enseignants et formateurs, que j'ai écrit dans la nuit du

13 au 14 février 2016. Au moment où la réalité à laquelle nous étions confrontés en Harmonie était de plus en plus difficile, pesante, parfois même sceptique pour de nombreux formateurs "seniors", j'ai écrit un appel ouvert qui a pris de l'importance un an plus tard et qui a toujours une valeur informative significative. Je l'ai fait grâce à ma propre volonté et à ma libre décision de trouver dans la réalité toutes ces choses bonnes et utiles. Il est probablement naturel qu'à la naissance d'une nouvelle vie, l'"organisme" dans lequel cette nouvelle vie naît se défende. Chaque cellule de l'organisme accomplit sa tâche avec les meilleures intentions du monde. C'est exactement à ce moment-là que j'ai commencé à parler du modèle fonctionnel Learn & Lead de gestion d'une école de langues. En fait, c'est ce nom qui décrit le mieux ce que Learn & Lead signifie aujourd'hui.

Je pense qu'aucun d'entre nous ne doute que nous sommes aujourd'hui à la naissance d'un nouveau système éducatif. De tous côtés, nous sommes quotidiennement confrontés à ce qui s'est passé et où, à ce qui a été fait et par qui, à ce qui va nous affecter, etc. Nous recevons beaucoup d'opinions, de manifestations de pouvoir, d'intimidations ou d'invitations à construire des partenariats de toute sorte. C'est nous qui agissons et influençons, par nos attitudes et nos choix, la tournure que prendra notre vie dans les prochains jours, les prochaines semaines ou les prochaines années. Chacun d'entre nous, consciemment ou inconsciemment, choisit sa façon de penser, de regarder le monde qui l'entoure ; en voyant les choses de notre propre point de vue, nous acceptons les signaux du monde extérieur qui forment la base de nos actions ultérieures. Ou la passivité ?

Nous participons à la naissance rare d'un nouveau modèle d'éducation, et nous pouvons donc choisir entre deux voies possibles. Nous pouvons être des "victimes/de simples marionnettes dans les mains de quelqu'un d'autre", quelqu'un qui prend des décisions à notre sujet malgré notre âge adulte, ou inversement, nous pouvons devenir les créateurs de nos vies et suivre nos propres chemins.

Nous avons le droit d'exprimer nos propres idées sur le monde et sur ce que devraient être les tâches professionnelles et la reconnaissance d'un enseignant au 21e siècle. Nous avons le droit de décider où, quand et avec qui cette idée commence à se transformer en présent.

Nous avons également l'obligation d'apprendre et d'éduquer pour les besoins de l'introduction réussie de nouvelles politiques, procédures et possibilités dans la réalité de la vie scolaire afin de convertir l'environnement scolaire en une forme conforme à nos idées. Nous sommes obligés de poursuivre notre quête et de persévérer, même lorsqu'il semble que chaque effort n'était qu'une illusion et qu'il tombe tôt ou tard dans l'oubli. Nous devons accepter le savoir et le leadership des personnes qui comprennent "le monde des chiffres" et qui nous appartiennent indubitablement. Les écoles du 21e siècle ont besoin d'enseignants et d'économistes. Les écoles doivent conserver un degré suffisant de liberté pour leur travail original et ont besoin d'un apport suffisant d'argent pour assurer leur fonctionnement et leur développement. Les écoles ont besoin d'une gestion où les enseignants et les économistes se comprennent et trouvent ensemble des solutions pour remplir leurs missions.

Lorsque leurs points de vue se rejoignent, il y a de bonnes chances de réussite. Lorsque leurs points de vue se rejoignent et que les responsabilités et les pouvoirs des postes individuels sont clairement définis et liés aux performances mesurables de l'école, il y a de très bonnes chances de réussite.
Cependant, lorsque non seulement leurs points de vue se rencontrent et que les responsabilités et les pouvoirs de chaque poste sont clairement définis et liés aux performances mesurables de l'école, mais aussi lorsqu'un climat de confiance, un sentiment d'appartenance et une envie de créer en faveur d'un objectif commun commencent à prévaloir, les chances de succès sont garanties.

Notre foi et notre croyance en la nécessité de cette naissance nous ont maintenus et nous maintiendront toujours à flot, chers enseignants. Nous devons maintenir cette foi, cette lumière en nous à tout moment. C'est essentiel pour le succès du nouveau modèle d'éducation dont le monde d'aujourd'hui a si désespérément besoin.

Depuis 19931, je suis impliquée dans l'apprentissage des langues en Slovaquie et, en 20101, j'ai fait valoir mes connaissances au niveau de l'UE. Depuis ma première leçon d'anglais à l'école primaire Spartakovskd de Trnava en tant qu'enseignante d'anglais non qualifiée, à travers un nombre incalculable de discussions, de plans de projet et d'entretiens, de victoires douces et de chutes douloureuses jusqu'aux négociations clés avec les partenaires stratégiques de ce nouveau modèle d'éducation, j'ai appris ce qui suit

1. ***Il est facile de trouver les élèves/étudiants qui recherchent des opportunités d'épanouissement,*** *qu'ils soient enfants, adolescents, adultes ou seniors. Chacun d'entre eux aspire à être entendu et à bénéficier d'un environnement où son opinion compte. L'aspiration à l'épanouissement personnel est aussi forte que la soif d'eau. L'autoréalisation est notre rôle, et plus nous parlons des possibilités de son application, plus les gens voudront s'y connecter intérieurement. Plus les gens auront la chance de croire en eux-mêmes et d'être soutenus pour développer leurs talents afin de s'assurer une vie digne,*

plus ils deviendront les co-créateurs du monde apporté par ce nouveau modèle d'éducation. Plus les élèves/étudiants auront la chance de fréquenter des écoles qui soutiennent un tel modèle d'éducation, plus ils éprouveront de la joie et plus nous aurons l'espoir que le monde sera composé de personnes plus libres, prêtes à créer et à prendre du plaisir dans l'accomplissement de leurs tâches professionnelles.

2. ***trouver des personnes prêtes à prendre les risques liés à la mise en place d'un nouveau modèle d'éducation est difficile, mais possible.*** *Les enseignants eux-mêmes sont les personnes clés qui représentent ce modèle et doivent être les premiers à vivre la naissance de ce nouveau modèle à travers eux-mêmes. Grâce à leur propre expérience et à l'autoréalisation qu'ils auront permise, ils acquerront les qualifications nécessaires à l'exercice de leur métier pour les besoins des personnes et du monde au 21ème siècle. Un voyage aventureux, plein d'embûches, de secrets et de défis attend les enseignants aujourd'hui. Un voyage au cours duquel ils devront réévaluer leurs points de vue, leurs attitudes ou leurs interprétations des événements qui les entourent. Ils sont confrontés à l'avenir qu'ils sont eux-mêmes en train de co-créer. Dans le monde Learn & Lead, ils ont une chance de devenir ceux qu'ils ont toujours voulu être.*

3. ***il est difficile, mais possible, de trouver des personnes disposées à renforcer leurs pouvoirs et à "édicter" des normes pour l'application du nouveau modèle.*** *J'entends par là un groupe de propriétaires/principaux et de gestionnaires d'écoles. J'ai eu la chance de trouver des partenaires pour promouvoir ce modèle d'éducation parmi les représentants des écoles de langues qui sont membres de l'Association des écoles de langues de la République slovaque et au nom desquelles nous mettons actuellement en œuvre notre premier projet international visant à promouvoir l'application de ce modèle d'éducation au-delà des frontières de notre pays ; grâce à leur soutien, les premiers programmes Learn & Lead pour les enseignants, les formateurs et les gestionnaires de l'apprentissage des langues seront lancés en juillet de cette année.*

4. ***Il est difficile, mais possible, de trouver des personnes prêtes à investir de l'argent dans la naissance d'un nouveau modèle d'éducation.*** *Il y a des gens qui connaissent la valeur de l'argent et qui sont conscients que toute chose prometteuse doit être soutenue. Je remercie tous ceux qui ont laissé parler leur cœur et se sont joints à nous.*

Enseignants, vous pouvez suivre la voix de votre cœur et créer pour prendre plaisir à travailler. Vous pouvez dépasser les barrières imaginaires et entrer dans le monde du possible. Vous pouvez décider de rester dans ce monde et de créer. Vous pouvez vivre et survivre dans ce monde. Vous pouvez vivre dans ce monde et témoigner des limites du possible avec d'autres. Il suffit de décider, de persévérer et d'apprendre. Apprendre toute sa vie et repousser les limites du possible.

C'est ainsi que j'ai trouvé le sens de ma vie et je suis prêt à continuer à diffuser ce message au profit d'une éducation plus digne et plus utile en Slovaquie et à l'étranger. Je me réjouis de vivre l'avenir, car je sais que la joie est mon objectif. La joie pure, belle et unique de trouver le sens de ma vie !

7 janvier 2016, Discours prononcé devant les formateurs en harmonie

Au début d'une nouvelle année, nous pensons toujours à ce que cette nouvelle année nous apportera, à ce que nous pouvons en attendre et à ce que nous pouvons en attendre. En janvier 2016, je savais que nous étions face à la dernière période cruciale qui déciderait du sort de notre entreprise et de notre famille qui avait été directement ou indirectement exposée à un grand renoncement tout en cherchant une nouvelle voie pour Harmony. Par la force de ma volonté, je me suis concentrée sur chaque jour et j'ai continué à trouver avec détermination les éléments d'une nouvelle vie naissante. J'ai donc réussi à écrire une lettre pour mes formateurs et à la leur envoyer dans le cadre de mon discours de Nouvel An.

Chers amis,

Permettez-moi de commencer par nous souhaiter une bonne santé, du bonheur, de la joie, de la satisfaction, de la cohésion et de l'amour pour la nouvelle année 2016.

Nous abordons la dernière ligne droite de notre voyage de découverte du programme Learn & Lead, qui nous servira de point d'ancrage pour les années à venir.

Tout comme la nature manifeste encore les signes de paix et de "farniente extérieur", typiques de cette saison hivernale, nous pouvons percevoir les choses qui se passent dans notre entreprise. Derrière le "rideau", nous travaillons activement à la finalisation de notre quête de six ans connue sous le nom de Learn & Lead. Toutes les étapes nécessaires à l'atterrissage réussi sur l'île tant désirée s'interconnectent ces jours-ci, formant ainsi l'énergie si nécessaire à la poursuite de notre pèlerinage commun. Avec l'arrivée du printemps, nous pouvons nous attendre à un réveil progressif, et nous verrons de nos propres yeux la "terre" représentant un futur foyer pour tous ceux d'entre nous qui adhèrent aux valeurs fondamentales de l'Harmonie.

De même que nous ne doutons pas que l'hiver est suivi du printemps, qui nous apporte de nouvelles vies et les graines de nouveaux fruits, de même ne doutez pas de ces mots. Au contraire, s'il vous plaît, ressentez leur message dans une méditation silencieuse et laissez-les mûrir en vous. Vous contribuerez ainsi à accélérer la transition vers le point de rupture que nous attendons tous avec impatience. En tant qu'enseignants et formateurs en langues étrangères, nous sommes les porteurs du sens d'un mot et de son pouvoir dans le monde d'aujourd'hui. L'apprentissage des langues, comme tout autre secteur, connaît une évolution qui est présente en nous-mêmes. Nous sommes des êtres qui pensent, ressentent et créent. Associer des mots à des pensées et à des sentiments engendrés par ces pensées a un pouvoir incontestable. C'est le premier pas vers l'accomplissement de cette pensée, de cette idée qui, par la suite, au moment opportun, se traduit dans le monde matériel dans lequel nous vivons.

Le printemps nous apportera également une nouvelle vie et l'espoir d'un monde meilleur sur notre île - l'île qui attire aujourd'hui l'attention de plusieurs personnes de notre entourage. L'île dont la découverte permet d'entamer une nouvelle voie de développement d'une personnalité - un professeur de langues étrangères qui contribue à construire un apprentissage des langues étrangères nouveau et plus précieux grâce à son originalité et à son caractère unique.

En conclusion, permettez-moi de nous souhaiter à tous beaucoup de compréhension mutuelle, de délibération et de courage dans les jours et les semaines à venir. Que l'amour de la vie et de l'homme en tant qu'être humain unique nous aide à trouver la joie à chaque étape de notre chemin commun vers la réalisation de l'harmonie dans Harmony©.

Bien à vous, Jana

Jim Wright est aujourd'hui le directeur de la prestigieuse école PILGRIMS, située dans la belle ville de Canterbury, dans le sud-est de l'Angleterre. Il a consacré toute sa vie au développement des relations interpersonnelles dans le domaine de l'apprentissage des langues. Grâce à son enthousiasme sans faille, des enseignants travaillent dans le monde entier et humanisent l'enseignement des langues étrangères en participant aux programmes méthodologiques, linguistiques et de développement organisés par cette école.

Lorsque je l'ai rencontré en juin 2007, je ne savais pas que notre rencontre serait pour moi l'une de ces rencontres "fatales". Aujourd'hui, je sais que Jim Wright était fait pour moi.

Pour moi, Jim est une source inépuisable d'inspiration, de soutien, de courage et de persévérance. Lorsque je l'ai invité à contribuer à mon deuxième livre, il en a été honoré et a accepté avec plaisir d'y participer. Et en plus, il a fait un peu plus. Il m'a donné son avis sur le titre initialement proposé pour le livre : "I MUST because It's My Life" (Je le dois parce que c'est ma vie). Permettez-moi de citer ses propres mots à ce sujet dans leur intégralité : *"J'ai une idée pour vous, et c'est une question de langage et de sens. I CAN - c'est très bien, car en anglais, cela signifie que vous avez le choix, que vous êtes en charge de votre vie. I MUST - en anglais, cela signifie que je fais quelque chose pour me conformer à l'idée ou aux règles de quelque chose ou de quelqu'un d'autre, c'est-à-dire que quelque chose ou quelqu'un d'autre est en charge de votre vie si vous dites I MUST - je ne suis pas sûr que ce soit le message que vous voulez transmettre. Cela vaut la peine d'y réfléchir... ! Vous pourriez envisager de dire "JE CHOISIS parce que c'est ma vie", ce qui suggère que c'est vous qui avez le contrôle et non quelqu'un d'autre, et que vous choisissez ce que vous devez faire dans votre vie - un message plus fort, je pense. Quoi qu'il en soit, faites-moi savoir ce que vous voulez que je fasse et comment vous voulez que je contribue, j'en serai ravie.*

Il m'a offert sa vision d'un voyage dans la vie d'un adulte et m'a laissé choisir. Lorsque j'ai réfléchi à ce qu'il m'avait offert à travers sa perspective, je n'ai pas eu besoin d'hésiter longtemps et j'ai accepté ses conseils. J'ai senti un changement en moi, dans ma propre perception ; malgré le fait que je DOIS, parce que c'est ma vie, dans n'importe quelle situation, j'ai le droit de décider si et comment faire ce que je considère nécessaire à ce moment-là. Je suis heureux que Jim Wright soit mon ami et fier de notre amitié extraordinaire qui dure depuis déjà 10 ans et qui est à la base de notre partenariat commercial fructueux. Il y a dix ans, j'ai accepté son offre de coopération et aujourd'hui, je sais que nous avons encore un long chemin de développement devant nous.

Quelle est votre relation avec Jana Chynoradska et Harmony Academy ? Comment la décririez-vous ?

Il s'agit sans aucun doute de l'une des relations les plus spéciales et les plus précieuses de ma vie, tant sur le plan professionnel que personnel. Je pense que la façon la plus simple de la décrire est de parler d'amour et de respect. J'aime Jana et Harmony comme on aime sa sœur. Je me sens très protectrice à l'égard de Jana et d'Harmony. J'ai eu le grand plaisir de voir Jana et Harmony grandir et d'y participer. J'ai également un profond respect pour Jaro et toute son équipe fidèle pour le soutien qu'ils lui apportent. Dans mon cœur, nous sommes une famille, Jim et Jana, Pilgrims et Harmony Academy.

Ce livre s'intitule "Je choisis parce que c'est ma vie". Quel choix a été le plus difficile dans votre vie jusqu'à présent ? Pourquoi ?

Je peux dire honnêtement que je n'ai jamais eu à faire de choix difficiles. Tu vois, quand tu choisis, tu sais dans quelle direction tu veux aller parce que tu suis ton cœur. Les choix difficiles ne surviennent que lorsque vous oubliez que vous POUVEZ choisir !

Ce livre est la suite de "I CAN because It's My Life", qui s'adressait aux enseignants et aux formateurs et mettait l'accent sur la liberté dont ils disposent dans les salles de classe. Comment ce message a-t-il résonné dans votre vie professionnelle ?

J'ai toujours été une personne positive et je n'ai jamais cessé de m'étonner de voir à quel point les personnes actives dans l'éducation et les affaires se concentrent sur les raisons pour lesquelles elles ne peuvent pas faire les choses. Mon mantra dans la vie et à Pilgrims a toujours été "Tout est possible" et tout est possible quand on choisit de dire JE PEUX ! Les enseignants et les patrons ont tendance à se concentrer sur ce qui ne va pas et doit être corrigé ; je pense qu'il est plus efficace de se pencher sur ce qui ne fonctionne pas et sur la manière de le faire fonctionner, que vous ayez raison ou non. Les enseignants et les patrons doivent se débarrasser de l'envie d'avoir toujours raison ! C'est pourquoi choisir I CAN résonne en moi !

Le slogan "Je choisis parce que c'est ma vie" indique clairement à chacun que c'est LUI/ELLE qui prend les décisions concernant sa vie. Il encourage une personne à prendre conscience de son propre pouvoir et l'invite à prendre une décision pour une vie meilleure et plus précieuse. Quel message adresseriez-vous aux lecteurs dans ce contexte ?

C'est très simple. Nous avons tous la capacité et le droit de choisir ce que nous ressentons ! Nous l'oublions souvent et nous pensons souvent que les choses qui nous arrivent ne sont pas de notre ressort et que nous en perdons donc le contrôle. Mais nous pouvons CHOISIR la manière dont nous nous sentons par rapport à ces choses. Voici un exemple : lorsqu'on m'a diagnostiqué une maladie rénale, je n'aurais évidemment pas choisi que cela se produise. Il est donc facile de dire que je n'ai pas le choix et que je n'ai aucun contrôle ; cependant, je PEUX choisir de me sentir bien et de poursuivre ma vie en dépit de ce qui se passe sur le plan physique. C'est moi qui choisis comment je me sens, pas ma maladie ! Par conséquent, je contrôle totalement la façon dont je me sens dans ma vie ; je dis toujours que si VOUS ne CHOISISSEZ pas la façon dont vous voulez vivre, quelque chose de moins gentil pour vous vous choisira !

Dans sa version simplifiée, *Learn&Lead* pourrait être désigné comme l'apprentissage et le développement tout au long de la vie. Quel rôle l'apprentissage tout au long de la vie joue-t-il dans votre vie ?

L'apprentissage tout au long de la vie - pour moi, le jour où j'arrête d'apprendre ou où je commence à penser que je n'ai plus besoin d'apprendre, c'est le jour où j'arrête de vivre. La vie est un apprentissage et l'apprentissage est la clé d'une longue vie - l'apprentissage tout au long de la vie !

Qu'avez-vous dû subir avant de réaliser que vous avez votre vie entre vos mains ? Quels sont les échecs ou les victoires qui ont été les plus décisifs dans votre vie ?

Le 6 janvier 2013, lorsque j'étais à l'hôpital, les médecins m'ont donné peu de chances de survie et m'ont dit qu'il me serait difficile de remarcher correctement ou de vivre une vie normale. Chaque soir, quand tout le monde dormait, je me forçais à faire quelques pas douloureux. Chaque nuit, un pas de plus ; je me suis promis de marcher jusqu'à la porte de l'hôpital dans 3 semaines (ce n'était qu'une dizaine de mètres). Je l'ai fait ; quelques semaines plus tard, j'ai réussi à monter à l'étage pour remercier l'infirmière qui avait sacrifié son week-end pour me sauver la vie. J'ai réalisé que la seule personne qui allait me permettre de vivre et de marcher à nouveau, c'était moi. Les médecins m'appellent "l'homme miracle" - mais je sais que la seule réponse était de choisir de "ne pas abandonner" ! Vous seul pouvez choisir ce que vous ressentez, rien ni personne ne peut vous l'enlever. Une fois que vous l'avez compris, vous êtes libre de vivre la vie extraordinaire que vous méritez ! Aujourd'hui, je n'ai plus peur de la mort, de la maladie ou de quoi que ce soit dans la vie - parce que c'est ce que j'ai choisi !

Qui se tient à vos côtés lorsque vous devez faire un choix ? Pourquoi cette personne est-elle importante dans votre vie ?

Lizzie, ma femme, est une source constante de soutien, elle m'aide à me sentir en sécurité dans mes décisions ; elle est ma source de force et la raison pour laquelle j'ai l'impression de pouvoir donner autant d'amour à d'autres personnes - parce qu'elle me fait me sentir tellement aimé ! À Pilgrims, Kevin Batchelor est quelqu'un avec qui je peux créer et discuter d'idées tous les jours ; il a une attitude étonnante "tout est possible", ce qui nous aide à garder Pilgrims frais et inspirant. Mes bons amis Richard Wilkins et Liz Ivory - leur cours sur la conscience à haut débit m'a permis de réaliser à quel point il est facile et essentiel de choisir comment je veux me sentir et de ne pas écouter cette voix négative dans ma tête parce qu'elle n'est qu'une opinion de moi - pas ce que je suis. Je me sers de ce qu'ils m'ont appris tous les jours. Mon père - je lui parle tous les jours - même s'il n'est plus en vie, il reste mon super-héros et ma source d'inspiration dans la vie. Je me considère comme un homme chanceux, entouré de personnes qui m'inspirent à chaque instant. Ce ne sont pas seulement des personnes, ce sont mes héros !

Avez-vous un rituel, un signe/indication ou d'autres aides qui vous guident dans votre processus de choix ?

C'est simple. Pour chaque décision prise dans ma vie ou au travail, je me demande simplement "comment je veux me sentir".

Vous avez été invité à participer à cet ouvrage en tant que l'une des personnes clés ayant contribué à l'élaboration du nouveau concept de formation pour adultes *Learn&Lead*. Comment décririez-vous le parcours d'apprentissage que vous avez dû suivre lors de l'élaboration de ce concept ?

Apprendre à écouter davantage - personne n'a jamais rien appris en parlant !

Que signifie Learn&Lead pour vous aujourd'hui ?

Opportunité, possibilité, changement, croissance, aider les gens à se sentir bien dans leur peau, espoir.

Que souhaitez-vous à Learn&Lead pour l'avenir ?

Continuez à diriger pour apprendre et ne cessez jamais d'apprendre à diriger.

Doc. Gabriela Lojova, PhD, travaille à la faculté d'éducation de l'université Comenius de Bratislava, au département de langue et de littérature anglaises ; elle est également conseillère spéciale pour le développement méthodique des enseignants et des formateurs en langue anglaise à l'ACADÉMIE HARMONIE depuis sa création en 2000. Dans ses activités d'enseignement, de science et de recherche, elle se consacre à la psychologie de l'apprentissage et de l'enseignement des langues étrangères et à la psycholinguistique appliquée. Elle possède une vaste expérience de la formation de premier cycle et de la formation continue des professeurs d'anglais. Grâce à la bourse Fulbright, elle a travaillé à l'université d'État de Montclair, dans le New Jersey, où elle a enseigné la didactique de l'anglais. Les monographies suivantes sont les plus importantes : *Enseignement de la grammaire des langues étrangères : théorie et pratique, Différences individuelles dans l'apprentissage des langues étrangères I, Styles et stratégies d'apprentissage dans l'enseignement des langues étrangères* (Lojova, Vlckova) et *Fondements théoriques de l'enseignement de l'anglais dans l'enseignement primaire* (Lojova, Strakova).

Son immense expérience, les ouvrages qu'elle a publiés, les innovations inspirantes dont elle est l'auteur dans l'enseignement de l'anglais, sa participation à de nombreuses conférences internationales ainsi que le respect et la reconnaissance qu'elle a gagnés dans les cercles professionnels en Slovaquie et en Europe prouvent la grandeur de son esprit. Son honnêteté et sa volonté constante d'aider reflètent son humanité et son amour de la vie. En outre, son courage est la preuve de sa combativité, qui lui permet de défendre ce qui est juste, quelles que soient les conséquences de son combat.

Gabi a été ma précieuse conseillère, mon inspiration et mon ancre depuis que j'ai fondé ma première école en 2000. Elle sait ce qu'elle fait et *pourquoi* elle le fait dans le domaine de la formation des enseignants et des formateurs en langues étrangères, et je continue à apprendre d'elle comment approfondir mes connaissances étroitement liées aux enseignants, aux formateurs et à l'école en tant que telle. En 2000, nous avons lancé ensemble la *vague d'*Harmonie ; aujourd'hui, nous lançons ensemble sa continuation - la vague Learn&Lead.

Quelle est votre relation avec Jana Chynoradska et Harmony Academy ? Comment la décririez-vous ?

Je considère Janka comme mon "enfant pédagogique" qui a grandi et, comme tout enfant bien dirigé, elle m'a dépassé à bien des égards. Elle était mon étudiante à la faculté d'éducation et, apparemment, j'ai réussi à la "contaminer" avec des idées auxquelles je crois profondément et que j'essaie de diffuser le plus possible. Elle a pris le relais et ne se contente pas de diffuser les idées et d'en approfondir le sens, mais cherche également en permanence d'autres occasions d'aider les enseignants à se développer sur le plan personnel et professionnel. Je considère Harmony Academy comme notre "école expérimentale" où nous pouvons vérifier, réaliser pleinement et approfondir les principes de cette approche destinée aux élèves. Le travail pédagogique réalisé ici confirme constamment que nous sommes sur la bonne voie.

Ce livre s'intitule "Je choisis parce que c'est ma vie". Quel choix a été le plus difficile dans votre vie jusqu'à présent ? Pourquoi ?

Jusqu'à présent, j'ai eu beaucoup de chance dans ma vie et je n'ai pas été confronté à des choix difficiles qui auraient pu influencer ma vie de manière significative. Les étapes les plus importantes de ma vie se sont produites plus ou moins naturellement et les décisions prises ont émergé relativement facilement des circonstances données. Cependant, sur le plan professionnel, j'ai été confrontée à un choix important peu après la révolution de velours : rester dans le monde pédagogique qui m'est proche ou utiliser mon anglais d'une autre manière et travailler dans un monde financièrement plus attrayant, celui de la traduction/interprétation, qui m'offrirait de nombreuses opportunités illimitées. Je n'ai jamais regretté ma décision.

Ce livre fait suite à "I CAN because It's My Life", qui s'adressait aux enseignants et aux formateurs et mettait l'accent sur la liberté dont ils disposent dans les salles de classe. Comment ce message a-t-il résonné dans votre vie professionnelle ?

J'ai intériorisé ces pensées depuis longtemps ; j'essaie de les diffuser le plus possible parmi les enseignants et futurs enseignants avec lesquels je travaille. Je peux décrire brièvement mes convictions comme suit :

- optez pour ce en quoi vous croyez pleinement - ce n'est qu'alors que vous pourrez persuader ("contaminer") les autres ;
- Quelles que soient les conditions, nos élèves sont importants et ils valent la peine de surmonter les situations les plus difficiles. Les élèves rechargent vos batteries et vous donnent la force de poursuivre votre chemin, lorsque vous voyez dans quelle position vous les avez guidés, comment ils ont progressé... Leurs intérêts, leurs visages rayonnants, la passion avec laquelle ils travaillent, leur confiance et leur assurance croissantes, tous ces facteurs poussent l'enseignant à aller de l'avant ;
- Quelles que soient les règles et les conditions, lorsque vous fermez la porte derrière vous dans une salle de classe, vous vous comportez comme vous l'entendez, selon vos propres convictions et ce en quoi vous croyez. C'est pourquoi il est important d'agir sur les croyances des enseignants, leur façon de penser, leurs opinions et leurs attitudes.
- tout ce que nous réalisons en cours dépend en fin de compte du psychisme de l'élève. Par conséquent, la tâche principale de l'enseignant est de savoir ce qui se passe dans le psychisme de ses élèves, de détecter leurs points forts et de s'appuyer sur eux.

Le slogan "Je choisis parce que c'est ma vie" indique clairement à chacun que c'est LUI qui prend les décisions concernant sa vie. Il encourage une personne à prendre conscience de son propre pouvoir et l'invite à prendre une décision pour une vie meilleure et plus précieuse. Quel message adresseriez-vous aux lecteurs dans ce contexte ?

"Soyez vous-même !" "Vivre et laisser vivre !"

Ce n'est qu'ainsi que vous pourrez mener une vie bien remplie et être heureux. Essayez de vous connaître le mieux possible et de vous accepter avec vos forces et vos faiblesses. Ce n'est qu'ainsi que vous pourrez respecter et tolérer pleinement tous ceux qui vous entourent. Chacun d'entre nous est un être unique et parfait, doté d'un potentiel extraordinaire ; il suffit de le découvrir, de le développer et de le réaliser. Et par la suite, le découvrir chez les autres.

Dans sa version simplifiée, *Learn&Lead* pourrait être désigné comme l'apprentissage et le développement tout au long de la vie. Quel rôle l'apprentissage tout au long de la vie joue-t-il dans votre vie ?

Comme la plupart d'entre nous, et pas les plus jeunes, j'ai dû me débarrasser du fardeau que nous imposait le système d'éducation traditionnel dans nos écoles. Pendant de nombreuses années, nous avons été contraints d'écouter et d'obéir passivement. On nous a présenté la seule bonne voie, une seule vérité, des opinions et des attitudes unifiées, et nous avons été forcés de nous réprimer, de réprimer nos compétences, de réprimer notre singularité. Il m'a fallu beaucoup de temps pour comprendre que je n'avais pas besoin de suivre le courant et que je pouvais être moi-même, même si ce n'est pas toujours facile. Quoi que vous fassiez, il y aura toujours quelqu'un qui n'aimera pas ce que vous faites. On ne peut pas satisfaire tout le monde ou, en d'autres termes, "on ne peut pas plaire à tout le monde". La vie m'a appris que je ne peux pas changer le monde entier. Je ne peux changer que les choses dans mon "bac à sable". Il est important d'estimer la taille de son "bac à sable" et de savoir que ce que l'on fait tombe sur un terrain fertile et multiple pour ne pas gaspiller ses forces et son énergie. Dans ce contexte, la plus grande victoire pour moi a été de réaliser la profonde vérité cachée dans la prière de Saint François d'Assise (prétendument) : " *Dieu, donnez-moi la grâce d'accepter avec sérénité les choses qui ne peuvent être changées, le Courage de changer les choses qui doivent l'être, et la Sagesse de distinguer les unes des autres.* "

Qu'avez-vous dû subir avant de réaliser que vous avez votre vie entre vos mains ? Quels sont les échecs ou les victoires qui ont été les plus décisifs dans votre vie ?

J'ai dû faire face à des problèmes colossaux. Il n'y avait pas d'autre choix pour moi en tant que professeur d'université et chercheur ; la résolution de problèmes est une condition préalable à un travail fructueux. Un homme doit constamment observer ce qui se passe chez lui et dans le monde qui l'entoure et suivre les publications spécialisées. Mais l'essentiel réside dans une vérité simple que l'on apprend tout au long de sa vie. J'aime les moments où je peux voir la vérité de ces mots apparemment banals. Même si je suis un éducateur à vie, les étudiants me surprennent chaque jour avec quelque chose de nouveau ; ils ne me permettent pas de m'enfermer ou de stagner. Ils m'obligent à "être à la page", ils me permettent de connaître et de comprendre leur monde, et ils me tiennent au courant des changements que la vie d'aujourd'hui apporte, même au-delà de mes propres horizons. Sans cet apprentissage et cette éducation conscients et inconscients, il n'est pas possible de travailler efficacement avec les gens.

Qui se tient à vos côtés lorsque vous devez faire un choix ? Pourquoi cette personne est-elle importante dans votre vie ?

Sans aucun doute mon mari. Je discute de toutes mes décisions avec lui et, quelle que soit l'issue, il est toujours à mes côtés et me soutient. Mes filles adultes m'encouragent également. Elles apportent à nos discussions d'autres aspects qui peuvent m'être étrangers. Je suis consciente qu'à tout moment de ma prise de décision, leur avis est de plus en plus important pour moi. À bien des égards, elles m'ont déjà dépassée.

Avez-vous un rituel, un signe/indication ou d'autres aides qui vous guident dans votre processus de choix ?

Non, je n'ai pas de rituels ou de signes. J'essaie d'éviter les décisions impulsives et émotionnelles ; j'essaie d'y réfléchir, d'en discuter et de décider ensuite. Toutefois, lorsque je prends des décisions raisonnables et logiques, l'intuition joue également son rôle.

Vous avez été invité à participer à cet ouvrage en tant que l'une des personnes clés ayant contribué à l'élaboration du nouveau concept de formation pour adultes _Learn&Lead_. Comment décririez-vous le parcours d'apprentissage que vous avez dû suivre lors de l'élaboration de ce concept ?

Dans mon parcours d'acquisition de connaissances, il est difficile de séparer le travail sur le projet Learn&Lead de mes autres tâches. Certains résultats de mon propre développement peuvent être résumés comme suit :

- changer la façon de penser des gens est difficile et de longue haleine ;
- il est difficile de changer les traditions et les habitudes au sein de l'entreprise ;
- motiver les adultes et les amener à réfléchir sur eux-mêmes, à améliorer leur connaissance de soi et leurs ambitions est difficile s'ils n'en ont pas l'habitude ;
- chaque personne est différente, il est nécessaire d'écouter plus attentivement les gens ;
- Travailler avec des enseignants expérimentés est magnifique, inspirant, enrichissant, mais il est nécessaire de les écouter davantage et d'être ouvert aux changements et à leurs suggestions ;
- quelle que soit la mesure dans laquelle vous pensez que votre voie est la bonne, vous devez écouter les autres et garder une certaine souplesse dans votre façon de penser. Réalisez que les autres sont également convaincus de la justesse de leur voie, tout comme vous ;
- nous commettons tous des erreurs, c'est naturel ; admettons-les et tirons-en les leçons, c'est la seule façon de progresser efficacement.

Que signifie Learn&Lead pour vous aujourd'hui ?

- Un nouveau défi - jusqu'à présent, je n'ai pas travaillé avec des enseignants dans le secteur privé ;
- de nouvelles opportunités de développement professionnel et personnel ;
- une nouvelle expérience de connaissance et de coopération avec de nouvelles personnes.

Que souhaitez-vous à Learn&Lead pour l'avenir ?

Le plus grand nombre possible de personnes et d'enseignants, ceux qui peuvent s'imprégner des idées sur lesquelles ce projet est construit et qu'il tente de diffuser. Qu'ils soient "infectés" par l'idée de l'approche orientée vers l'élève afin de l'intérioriser comme l'ont fait ses créateurs. En outre, je souhaite que les participants au projet fassent de ces idées non seulement un élément essentiel de leur travail pédagogique, mais qu'ils les diffusent également. Ce n'est que de cette manière, en partant de la base, que nous pourrons obtenir des changements dans l'éducation dans notre pays. Il est évident que cela dépend de nous, des enseignants, car malheureusement, nous ne pouvons pas compter sur nos politiciens.

5. KATARINA CHWARZOVA

Katarina Schwarzova a obtenu un diplôme d'enseignement combinant l'éducation civique et la langue anglaise à l'université Saints Cyrille et Méthode de Trnava. Elle a ensuite décidé d'étudier la langue anglaise dans le domaine de la communication professionnelle et a terminé ses études avec succès en obtenant un doctorat. Aujourd'hui, elle travaille en tant que responsable créative des cours de langues à l'Harmony Academy.

La raison pour laquelle 1 a décidé d'inviter Katka Schwarzova à contribuer à ce livre est très prosaïque. Lorsque 1 lui a proposé un poste de responsable des cours de langues à Harmony Academy en décembre 2014, elle m'a dit lors d'une de nos rencontres : " Janka, ce poste a été créé exactement pour moi. Il comprend beaucoup de variété, des possibilités de formation continue et de liberté au travail, ce qui signifie vraiment beaucoup pour moi. "Le 1er avril 2015, nous avons engagé Katka et depuis, elle nous a tous convaincus, au sein d'Harmony, de ses capacités exceptionnelles, de son comportement responsable, de son orientation vers les objectifs et de sa forte volonté. 1 apprécie beaucoup son approche amicale et son rire incomparable. Chaque fois que je l'entends, je sais que, malgré la pression qu'elle subit chaque jour dans l'exercice de ses fonctions, elle est capable de s'arrêter un instant, de reprendre son souffle et de faire face à n'importe quelle situation sur le lieu de travail, tout en gardant la maîtrise de la situation. Katka a été l'un de mes principaux choix dans la mise en place de notre nouveau système Learn&Lead, et aujourd'hui je suis heureux de l'avoir à mes côtés. Chaque jour, elle est confrontée à divers défis au travail, qui font naturellement partie de notre vie. Je nous souhaite à tous les deux de trouver la paix, la réflexion, le courage et la volonté de renforcer en nous l'idéal d'un homme compréhensif, patient et déterminé, travaillant à un poste de direction dans notre entreprise.

Quelle est votre relation avec Jana Chynoradska et Harmony Academy ? Comment la décririez-vous ?

Tout d'abord, je dois dire que HARMONY ACADEMY n'est pas une école de langues typique. Elle se préoccupe non seulement de ses étudiants, mais aussi de ses formateurs et leur permet de se développer professionnellement. Quant à l'équipe de travail, elle est très diversifiée. Nos collègues ont des âges, des expériences personnelles et professionnelles différents. Chacun d'entre eux m'a appris quelque chose de nouveau, et j'en suis très reconnaissante. Cependant, au travail, je suis surtout en contact avec Janka, car nous partageons le même bureau. En fait, c'est grâce à elle que j'ai rejoint HARMONY ACADEMY. Elle m'a persuadé que HARMONY était le bon choix au moment où j'en avais moi-même besoin et que j'étais le bon choix pour HARMONY. Mais le plus grand mystère de Janka est sa capacité à gérer plusieurs tâches et choses à la fois. Elle est à la fois mère, épouse, formatrice, directrice, chef de projet... Je me serais effondrée sous la pression, mais elle ne l'a pas fait. Elle va toujours de l'avant, et c'est une chose pour laquelle je l'admire vraiment.

Ce livre s'intitule "Je choisis parce que c'est ma vie". Quel choix a été le plus difficile dans votre vie jusqu'à présent ? Pourquoi ?

Il est vraiment difficile de répondre à cette question. Chaque jour, une personne prend des décisions et choisit entre certaines options. Qu'il s'agisse de petites choses ou de décisions importantes concernant la vie ou le travail, vous devez y faire face au mieux de vos capacités. Je prends chaque décision en pensant qu'elle est juste à ce moment-là, avec les informations dont je dispose et l'expérience que j'ai acquise. Et ce qui semble être le choix le plus difficile de la vie aujourd'hui peut être un jeu d'enfant demain.

Ce livre est la suite de "I CAN because It's My Life", qui s'adressait aux enseignants et aux formateurs et qui mettait l'accent sur leur liberté dans la salle de classe. Comment ce message a-t-il résonné dans votre vie professionnelle ?

Comme j'occupe le poste de développeur de cours/gestionnaire créatif, je suis confronté à des types de travail différents de ceux de nos enseignants et formateurs. Par conséquent, je n'applique pas la liberté dans une salle de classe, mais dans mes fonctions et tâches quotidiennes qui en découlent. Mais je dois admettre qu'en ce qui concerne la liberté au travail, l'ACADÉMIE HARMONIE est unique et différente des autres écoles de langues. Chacun peut proposer quelque chose de nouveau et donner vie à ses idées, être créatif. C'est quelque chose que je n'avais jamais expérimenté avant de commencer à travailler chez Harmony.

Le slogan "Je choisis parce que c'est ma vie" indique clairement à chacun que c'est LUI qui prend les décisions concernant sa vie. Il encourage une personne à prendre conscience de son propre pouvoir et l'invite à prendre une décision pour

une vie meilleure et plus précieuse. Quel message adresseriez-vous aux lecteurs dans ce contexte ?

La vie de chacun est entre ses mains. Nous sommes tous responsables de notre vie et devons prendre des décisions tous les jours. Parfois, il peut sembler que d'autres décident pour nous, par exemple, une banque à laquelle nous remboursons un prêt, notre superviseur au travail à qui nous donnons des formulaires de permis à signer pour approuver nos rendez-vous chez le médecin ou nos vacances. Cela semble bizarre, mais c'est ainsi. En fin de compte, nous sommes les seuls à avoir le dernier mot. Tout ce que nous n'aimons pas dans notre vie est entre nos mains et nous pouvons le changer à tout moment. Il suffit de faire preuve de détermination et de courage.

Dans sa version simplifiée, *Learn&Lead* pourrait être désigné comme l'apprentissage et le développement tout au long de la vie. Quel rôle l'apprentissage tout au long de la vie joue-t-il dans votre vie ?

L'apprentissage tout au long de la vie est même pour moi une partie très importante et essentielle de ma vie. Nous ne sommes jamais assez intelligents pour ne pas avoir besoin de nous former davantage. Ce monde avance à une vitesse effrénée, et nous ne pouvons donc pas nous reposer sur nos lauriers. Nous devons continuer à apprendre et à aller de l'avant pour devenir de plus en plus performants. L'information est toujours à notre disposition. Nous transportons tous quotidiennement nos téléphones portables, nos tablettes ou nos ordinateurs portables et nous pouvons, à tout moment et en tout lieu, nous connecter à l'internet, où nous pouvons trouver des réponses à toutes nos questions. Mais je suis le genre de personne qui, malgré toutes les commodités de notre époque, préfère encore les livres. Pour moi, ils sont la bonne source d'information et en même temps une forme de détente. Je ne les abandonnerai jamais.

Qu'avez-vous dû subir avant de réaliser que vous avez votre vie entre vos mains ? Quels sont les échecs ou les victoires qui ont été les plus décisifs dans votre vie ?

Le fait que j'ai ma vie entre les mains et que la façon dont je décide de la gérer ne dépend que de moi, je l'ai pleinement réalisé lors de la plus grande "gifle" que la vie m'ait jamais donnée. Il y a eu de nombreuses "gifles" depuis lors, mais on n'oublie jamais la première. J'ai dû m'arrêter et réfléchir à la suite. À ce moment-là, j'ai compris que tout dépendait de moi. Depuis, chaque fois qu'un obstacle se dresse sur ma route ou que je suis à la croisée des chemins, je sais que, quelles que soient les décisions que je prendrai, elles seront bonnes parce que je les ai prises, j'ai fait le choix.

Qui se tient à vos côtés lorsque vous devez faire un choix ? Pourquoi cette personne est-elle importante dans votre vie ?

Mes parents et ma sœur m'ont soutenu toute ma vie. Ils ont été là lorsque j'ai pris chacune de mes décisions et fait chacun de mes choix. Aujourd'hui, c'est certainement mon mari. Même si la décision finale et le choix me reviennent parce que c'est lui qui aura le plus d'impact sur moi en premier lieu. Mais ils sont les personnes sur lesquelles je peux toujours compter lorsque j'en ai besoin. Et pour cela, je leur serai toujours reconnaissante.

Avez-vous un rituel, un signe/indication ou d'autres aides qui vous guident dans votre processus de choix ?

Personnellement, je ne crois pas aux signes ni aux rituels. Peut-être quand j'étais beaucoup plus jeune. Mais la vie m'a appris à ne compter que sur moi-même. Comme je l'ai déjà dit, mes proches me soutiennent lorsque je prends des décisions et fais des choix, mais en fin de compte, c'est moi qui décide.

Vous avez été invité à participer à cet ouvrage en tant que l'une des personnes clés ayant contribué à l'élaboration du nouveau concept de formation pour adultes *Learn&Lead*. Comment décririez-vous le parcours d'apprentissage que vous avez dû suivre lors de l'élaboration de ce concept ?

J'ai rejoint Harmony au moment où le projet était finalisé et où le concept Learn&Lead commençait à être mis en œuvre. Je ne l'ai pas perçu comme un changement parce qu'à l'époque, tout était nouveau pour moi, mais j'ai perçu les changements qui se produisaient dans mon environnement. Comment les formateurs ont-ils fait face à ces changements ? Une période de défiance, typique de toute période de changement, a d'abord eu lieu. Elle a été suivie d'une période de résignation lorsqu'ils ont cessé de lutter contre le nouveau système et ont commencé à l'accepter comme faisant partie de leur vie professionnelle. L'ensemble du processus a conduit à l'acceptation de ce changement et à l'identification avec le nouveau système. Le modèle Learn&Lead donne aux formateurs la possibilité de se développer et de s'épanouir professionnellement. Il s'agit d'un modèle unique et audacieux qui détruit la conception habituelle de l'éducation et la perception des enseignants/formateurs. C'est donc le bon choix pour les formateurs ambitieux qui aiment les défis et n'ont pas peur de la nouveauté.

Que signifie Learn&Lead pour vous aujourd'hui ?

Pour moi, Learn&Lead est un modèle entièrement fonctionnel de gestion d'école de langues, ainsi que le parcours de développement professionnel du formateur. Il s'agit donc d'un système qui soutient non seulement l'école de langues, mais aussi ses formateurs et ses employés, et qui les aide à devenir de meilleurs spécialistes dans leur domaine. C'est un système très élaboré, mais en soi très facile à comprendre. Il fait donc partie de ma vie quotidienne.

Que souhaitez-vous à Learn&Lead pour l'avenir ?

Principalement la compréhension, car si les gens comprennent ce qu'est ce modèle, ils s'y identifieront. Et cela leur apportera le succès, ainsi qu'à ce modèle.

6. MARIO BARANOVIC

J'ai rencontré Mario Baranovic en 2014 lorsqu'il est devenu mon conseiller économique dans le cadre de l'adaptation du modèle Learn&Lead. Il a passé avec moi intensément l'une des périodes clés du nouvel ajustement de la gestion de notre entreprise ; il nous a également aidés à définir des priorités et à mettre en place des processus pour la partie commerciale et financière du modèle Learn&Lead grâce à sa vision professionnelle de la gestion stratégique et financière de l'entreprise. Dans le monde d'aujourd'hui, Mario représente un homme-spécialiste qui peut inspirer, enseigner et diriger des personnes, tout en tenant compte de leurs besoins et possibilités actuels de manière sensible. J'ai trouvé en lui un professeur qui a apporté un peu de lumière et de foi en mes capacités dans ma vie et dans l'une de mes "chambres secrètes". En ce qui concerne ce livre, je l'ai choisi parce qu'il est mon choix n° 1 pour le poste d'expert. 1 pour le poste de conseiller expert en gestion financière et stratégique d'entreprise. Je crois que grâce à notre coopération et au modèle Learn&Lead, nous serons en mesure d'apporter un bénéfice à tous ceux qui s'y identifieront.

Quelle est votre relation avec Jana Chynoradska et Harmony Academy ? Comment la décririez-vous ?

Tout au long de notre coopération, mes relations avec Jana et Harmony ont été professionnelles. Simultanément, dans différentes situations (même en cas de crise), ma relation a pris la forme d'une communication personnelle. En outre, j'apprécie Jana et j'éprouve du respect pour elle en raison des difficultés auxquelles elle a dû faire face en choisissant la voie de L&L.

Ce livre s'intitule "Je choisis parce que c'est ma vie". Quel choix a été le plus difficile dans votre vie jusqu'à présent ? Pourquoi ?

Le choix de passer du statut de salarié à celui d'entrepreneur est associé à une grande incertitude et à des doutes. Mais lorsqu'une personne acquiert progressivement une formation commerciale et professionnelle et qu'elle connaît des hauts et des bas à plusieurs reprises, elle finit par comprendre sa mission dans la vie et commence à agir conformément à ses principes de base. Elle devient plus forte et plus confiante dans ses capacités. L'incertitude se transforme en certitude, en confiance en soi et en légitimité de la voie choisie en coopération avec les bonnes personnes.

Le slogan "Je choisis parce que c'est ma vie" indique clairement à chacun que c'est LUI qui prend les décisions concernant sa vie. Il encourage une personne à prendre conscience de son propre pouvoir et l'invite à prendre une décision pour une vie meilleure et plus précieuse. Quel message adresseriez-vous aux lecteurs dans ce contexte ?

Qui se tient à vos côtés lorsque vous devez faire un choix ? Pourquoi cette personne est-elle importante dans votre vie ?

La réponse à cette question a déjà été donnée plus haut. Il existe des valeurs humaines fondamentales que vous devez définir vous-même. L'une d'entre elles est la famille, qui est aussi ma réponse à la question.

Avez-vous un rituel, un signe/indication ou d'autres aides qui vous guident dans votre processus de choix ?

Toute personne qui veut arriver quelque part, changer quelque chose, réaliser quelque chose ou laisser quelque chose aux générations suivantes doit avoir un rêve. Il doit également avoir un objectif lié à sa mission, des outils (capacités) lui permettant de tracer sa propre voie et les valeurs fondamentales correspondantes.

Vous avez été invité à participer à ce livre en tant que l'une des personnes clés qui ont contribué à l'élaboration du nouveau concept de formation pour adultes *Learn&Lead*. Comment décririez-vous le parcours d'apprentissage que vous avez dû suivre lors de l'élaboration de ce concept ?

Si je ne suis pas satisfait de ma vie, me plaindre ne suffit pas. Si je ne suis vraiment pas satisfait de ma vie, je dois changer et commencer à me connaître pour que ce changement se produise. Avec un objectif clair et en sachant pourquoi je le fais, je ne perdrai jamais le cap et j'atteindrai l'objectif que je me suis fixé.

Dans sa version simplifiée, *Learn&Lead* pourrait être désigné comme l'apprentissage et le développement tout au long de la vie. Quel rôle l'apprentissage tout au long de la vie joue-t-il dans votre vie ?

L'éducation peut avoir plusieurs niveaux - professionnel, communication, mental et personnel. Pourquoi devrais-je le faire ? La réponse est la suivante : je ne réaliserai jamais mon rêve si je ne rencontre pas d'obstacles. Et ceux-ci ne peuvent être surmontés que par l'apprentissage, afin que je puisse réaliser mon rêve.

Qu'avez-vous dû subir avant de réaliser que vous avez votre vie entre vos mains ? Quels sont les échecs ou les victoires qui ont été les plus décisifs dans votre vie ?

La victoire contre moi-même est la plus grande lorsque je parviens à maîtriser mon action et ma pensée, et donc à changer mon destin. Cela peut paraître compliqué, mais si je distingue les affaires que je peux influencer de celles qui ne peuvent pas l'être, je serai en mesure de prendre des décisions rapidement et correctement.

J'ai participé au développement de L&L pendant environ un an en utilisant des rapports financiers, des outils d'analyse et principalement une communication active avec le propriétaire. J'ai également participé à son développement au sein de l'entreprise lorsqu'il était nécessaire d'orienter les décisions pour sauver l'entreprise en temps de crise jusqu'à ce que le nouvel investisseur la rejoigne. Je pense que les actions entreprises ont été couronnées de succès et je souhaite que HARMONY et le projet L&L se développent géométriquement afin que cette pensée/concept apporte de grands résultats.

Que signifie Learn&Lead pour vous aujourd'hui ?

D'une manière générale, il s'agit du développement progressif de la pensée d'une personne et de l'orientation de ses actions futures en définissant correctement ses besoins et ses désirs.

Que souhaitez-vous à Learn&Lead pour l'avenir ?

Réaliser pleinement le message par le biais de l'éducation et d'une gestion appropriée, pour aboutir au succès et à la satisfaction d'une personne en tant que telle.

7. KLAUDIA BEDNAROVA

Klaudia Bednarova a étudié l'anglais à la Faculté d'éducation de l'Université d'Helsinki.
Université Constantin le Philosophe à Nitra. Comme elle ne trouvait pas d'école de langues qui lui convienne, elle en a créé une. Aujourd'hui, elle est une excellente formatrice linguistique, un gourou du marketing créatif, une adepte de Facebook, une réalisatrice intransigeante et une végétarienne convaincue. Vous avez toujours un sujet de discussion avec elle ; elle est éclairée et cultivée. Elle aime regarder des séries télévisées, lire des livres et nager. Elle aime ses nièces, les chats, la marche et l'enseignement de l'anglais.

De 2011 à mars 2017, elle a été présidente de l'Association des écoles de langues de la République slovaque (AJS SR) et est aujourd'hui l'une des figures de proue de l'une des plus grandes conférences pour les enseignants et les formateurs en langue anglaise, le "ELT forum". Elle dirige également sa propre école de langues et est un membre actif du conseil d'administration de l'AJS SR. J'ai trouvé en Klaudia une partenaire pour la construction d'un système alternatif de formation continue des enseignants et formateurs en langues étrangères, et grâce à sa conviction, son talent de négociatrice et la profondeur de ses arguments, la méthode Learn&Lead représente aujourd'hui une plateforme de croissance et de développement pour AJS SR elle-même.

Quelle est votre relation avec Jana Chynoradska et Harmony Academy ? Comment la décririez-vous ?

Je connais Jana depuis 2011. Je l'admire pour son enthousiasme unique et ses visionnaires qui motivent les autres à progresser. Sans Jana et son enthousiasme pour son travail, nous, les enseignants à l'esprit pratique, ne pourrions jamais progresser à la manière de Learn & Lead. Son enthousiasme est si contagieux pour ceux qui l'entourent que tous sont émerveillés par la source de son énergie.

Ce livre s'intitule "Je choisis parce que c'est ma vie". Quel choix a été le plus difficile dans votre vie jusqu'à présent ? Pourquoi ?

À l'âge de douze ans, j'ai été confronté à la décision la plus difficile de ma vie. Je n'ai jamais eu de penchant pour la religion, mais à cet âge-là, je pensais beaucoup à Dieu. J'ai décidé que je devais prendre la responsabilité de ma vie, de toutes les bonnes et mauvaises décisions que je prendrais. Je savais que personne d'autre ne prendrait la responsabilité de mes actes. J'ai réalisé que la morale et les bons principes étaient importants pour moi, quelle que soit ma foi. J'ai pris la décision de vivre sans douter et de ne pas compromettre ma conscience et mes rêves. Je savais que si je voulais progresser dans la vie, je ferais des erreurs. Les choses difficiles nous font avancer dans la vie. Nous n'avons qu'une seule vie et la manière dont nous la traitons est entre nos mains ; nous sommes les seuls responsables de la création de notre propre destin.

La décision de créer une entreprise a également été l'une des plus importantes de ma vie. Je rêvais de créer un espace où je pourrais faire ce que j'aime avec des gens que j'aime. J'apprécie le fait que mon école ait de bons résultats et que je sois entourée de personnes formidables que je respecte et que j'apprécie.

Ce livre fait suite à "I CAN because It's My Life", qui s'adressait aux enseignants et aux formateurs et mettait l'accent sur la liberté dont ils disposent dans les salles de classe. Comment ce message a-t-il résonné dans votre vie professionnelle ?

Pendant mon enfance, j'ai été fasciné par la citation d'un auteur : "Dans la vie, il s'agit de savoir comment nous gérons notre propre liberté". Depuis l'enfance, nous l'avons et, en fonction de notre âge, nous devons y faire face. Je pense que les parents devraient confier une certaine responsabilité, même au plus jeune enfant. Si l'on n'apprend pas à un enfant de première année à réfléchir à ses tâches et à ce qu'il doit avoir dans son sac pour le lendemain, quand comprendra-t-il qu'il doit assumer les conséquences de ses propres décisions ?

La responsabilité n'entre pas dans notre vie tout d'un coup, elle ne nous tombe pas du ciel. Si on ne nous a pas appris à être responsables depuis notre enfance, nous n'apprendrons pas de nos propres petites erreurs et, plus tard, en tant qu'adultes, nous marcherons avec un certain malaise. C'est au cours de l'enfance que l'on apprend à être responsable, et les enseignants jouent un rôle essentiel dans ce processus. Les élèves apprennent à gérer les responsabilités et à affronter les choses avec audace grâce à la façon dont les enseignants mesurent leurs progrès.

Je réfléchis rationnellement avant de prendre une décision - que se passera-t-il si cela ne fonctionne pas ? Quel est le pire qui puisse arriver ? Cela m'aide à prendre conscience des risques que je prends en prenant certaines décisions. C'est mon professeur de lycée qui m'a appris cela. Dans un cours, j'étais entre un A et un B, et elle m'a demandé si je voulais corriger ma note. Je me suis sentie suffisamment sûre de moi pour essayer, même si je n'étais pas préparée. J'ai fini par obtenir un C, et j'ai enfin compris qu'il y a une grande différence entre prendre un risque sain et être simplement trop confiant et se lancer dans quelque chose d'audacieux.

Tout cela a eu une grande influence sur moi, non seulement en tant que personne, mais aussi en tant qu'enseignant. Je suis convaincue que les enseignants, tout comme les parents, jouent un rôle clé dans la vie d'une personne. Comprendre que "ma liberté s'arrête là où la tienne commence" devrait être vécu et enseigné par tous les enseignants. Pour moi, il s'agit de respecter le monde qui m'entoure.

Dans sa version simplifiée, *Learn&Lead* pourrait être désigné comme l'apprentissage et le développement tout au long de la vie. Quel rôle l'apprentissage tout au long de la vie joue-t-il dans votre vie ?

L'apprentissage tout au long de la vie est absolument essentiel pour ce siècle. Le marché du travail s'est développé plus rapidement que nous ne sommes capables d'adapter les programmes scolaires et les cours. Les enseignants sont de plus en plus sollicités et ne sont pas en mesure de préparer les élèves à toutes les éventualités qui les attendent. La solution n'est pas d'enseigner des matières, mais d'enseigner aux élèves, de leur apprendre à penser de manière critique, à évaluer et à relier les informations qu'ils reçoivent et à apprendre de la bonne manière.

Qu'avez-vous dû subir avant de réaliser que vous avez votre vie entre vos mains ? Quels sont les échecs ou les victoires qui ont été les plus décisifs dans votre vie ?

Nous disposons d'un temps limité dans notre vie. J'ai vécu un moment important lorsque j'ai pris conscience de ce que je voulais laisser derrière moi. Dans le passé, j'ai travaillé vigoureusement deux fois sur quelque chose, j'y ai mis toute mon énergie et tout mon temps, et après avoir terminé, tout s'est écroulé. Lorsque je décide d'investir mon énergie dans quelque chose aujourd'hui, cela doit avoir un but et un impact durable sur la vie autour de nous.

Qui se tient à vos côtés lorsque vous devez faire un choix ? Pourquoi cette personne est-elle importante dans votre vie ?

Ma famille et mes amis. Les gens qui m'entourent sont habitués au fait que je suis une personne directe, qui va droit au but. Ils me répondent en retour. Je ne suis pas du genre à écouter les autres et à les supplier de me donner des conseils. Mes parents m'ont appris que lorsqu'on parle à quelqu'un, il faut le respecter, mais on peut toujours être direct et faire des critiques constructives. Une telle personne peut le supporter. Je n'essaie pas de m'entendre avec tout le monde et de les persuader de "ma vérité". En fin de compte, il n'est écrit nulle part que la "vérité" à laquelle je crois est juste. Mes amis proches ont confronté m'a fait part de ses commentaires, même lorsqu'ils n'étaient pas demandés. Ce miroir qui m'est tendu influence mes pensées, mes actions, mes croyances, mes choix et ma vie.

Avez-vous un rituel, un signe/indication ou d'autres aides qui vous guident dans votre processus de choix ?

Si je ne suis pas sûr, je demande à différentes personnes de mon entourage. J'écoute, je réfléchis et je prends en compte ce qu'elles me disent. Je ne demande pas de conseils directement.

Que signifie Learn&Lead pour vous aujourd'hui ?

Une vision progressiste. Il s'agit du parcours professionnel d'un formateur, et c'est un outil qui nous permet d'attirer des personnes ambitieuses qui veulent s'améliorer, s'éduquer et se perfectionner. Le système éducatif actuel repousse les spécialistes au lieu de les attirer. Il n'offre ni croissance professionnelle, ni rémunération adéquate. Les enseignants compétents ne sont pas motivés pour faire partie d'un tel système. Learn & Lead offre la possibilité d'une progression de carrière dans l'éducation et c'est la clé. Être un meilleur enseignant, c'est être une meilleure personne. Si je veux être un bon enseignant, je ne peux pas enseigner de la même manière chaque année. Je dois moi-même apprendre et aller de l'avant. Sinon, comment puis-je persuader un élève d'aller de l'avant lui aussi ?

Le premier niveau du programme est destiné à l'élève. L'enseignant apprend à analyser l'élève, à révéler son profil et à déterminer la technique d'enseignement qui fonctionne le mieux avec lui. Vient ensuite la formation à la communication. L'enseignant apprend à capter l'attention de l'élève, à organiser la classe et à communiquer avec ses collègues et ses élèves de la manière la plus efficace possible.

Le deuxième niveau concerne le leadership et la gestion. Le formateur est le chef de la classe. Il s'occupe des étudiants, qui forment ensemble une équipe. Chaque étudiant en langues étrangères connaît des périodes de bonheur, des problèmes au travail ou dans sa vie privée. Il/elle se comportera en conséquence pendant les cours. Seul un enseignant qui est un bon chef de groupe peut motiver la classe à progresser et à apprendre tout en s'amusant.

Au troisième niveau, l'enseignant devient un formateur qui fait le lien entre des sujets particuliers et la langue. Il partage son expérience et ses compétences avec des collègues plus jeunes et moins expérimentés et monte en même temps dans l'échelle des salaires. D'aucuns diront que les vraies valeurs ne sont pas monétaires, mais dans le domaine de l'éducation, il est nécessaire de dépasser ce préjugé, sans quoi nous ne pourrons pas progresser en gardant la qualité à l'esprit. Learn & Lead peut changer l'éducation de fond en comble. C'est pourquoi, pour moi, l'enthousiasme de Jana est extrêmement important. Elle continuera à nous faire rêver et, ensemble, nous avancerons avec joie et enthousiasme jusqu'à ce que nous soyons en mesure d'apporter le changement ensemble.

Que souhaiteriez-vous pour Learn&Lead à l'avenir ?

Faire en sorte que les choses se passent bien.

8. VICKI PLANT

Vicki PLANT possède une vaste expérience de l'enseignement de l'anglais en tant que langue étrangère qu'elle a acquise en France au cours des six dernières années. Elle s'est spécialisée dans l'enseignement de l'anglais aux adultes, principalement au sein des entreprises, afin de permettre aux professionnels de mieux fonctionner dans le contexte international. Elle possède de grandes compétences techniques et managériales ; après avoir obtenu un diplôme initial en informatique et en mathématiques, elle a obtenu un MBA à l'Open University Business School, tous deux au Royaume-Uni. Elle a acquis son expérience professionnelle en travaillant dans divers secteurs au Royaume-Uni et en Europe. Elle cherche toujours à améliorer ses connaissances et ses capacités par le biais d'une formation et d'un développement professionnels et personnels continus. Elle tient beaucoup à ce que les enseignants de langues étrangères aient accès à la formation et au développement professionnels, afin que ce domaine soit considéré comme un domaine d'expertise professionnelle.

Vicki a joué un rôle clé dans la mise en place du programme de formation "Parent as a Leader" lorsque nous avons compris qu'un formateur qualifié était l'une des clés du succès de son lancement. Cette personne n'était pas un "professeur d'anglais", mais un FORMATEUR moderne qui avait sa capacité de "vie" et son expérience "professionnelle" de la parentalité. Je lui suis reconnaissante de l'intérêt sincère qu'elle a manifesté pour découvrir le fondement de mes pensées, qui sont justifiables dans ce monde de temps et d'espace, et pour les personnes à qui ces pensées peuvent apporter bénéfice, encouragement et espoir pour construire une société plus précieuse et plus éduquée. Je crois que l'avenir nous montrera à tous les deux l'importance de notre amitié personnelle et professionnelle, qui était et est toujours la nôtre.

Quelle est votre relation avec Jana Chynoradska et Harmony Academy ? Comment la décririez-vous ?

Je connais Jana depuis plus de trois ans. Je l'ai rencontrée pour la première fois lorsque j'ai rejoint le projet européen créé pour développer Learn & Lead for Parents. L'équipe du projet était composée de 3 équipes de 3 pays, la Slovaquie, la République tchèque et la France, et je faisais partie de l'équipe française bien que je sois anglaise. C'est là que j'ai découvert le concept Learn & Lead et comment il pouvait s'appliquer à tout le monde, non seulement dans le domaine professionnel mais aussi dans nos vies de parents - nous avons toujours besoin d'apprendre et grâce à cet apprentissage et à ce développement, nous pouvons commencer à diriger les autres, ce qui est particulièrement applicable dans notre rôle de parents. La première réunion du projet s'est tenue à Harmony et c'est là que j'ai rencontré Jana et son équipe d'enseignants ; j'ai été très impressionnée par leur style d'enseignement et la variété des différentes techniques qu'ils utilisaient. Suite à ce projet, j'ai travaillé avec Jana sur le projet Prolant-cap depuis 2015, qui touche maintenant à sa fin.

Je considère que ma relation avec Jana est réciproque et que nous pouvons tous deux apprendre l'un de l'autre ; nous avons tous deux des compétences et une expérience différentes et nous pouvons donc aborder les choses de différents points de vue, mais nous pouvons toujours travailler ensemble pour atteindre des objectifs et réaliser des projets. Je vois Jana comme une personne très visionnaire qui a une idée très précise de l'endroit où elle veut aller et de la direction à prendre. Je suis assez différent en ce sens que je n'ai pas la vision ou la force motrice, mais je peux saisir une vision et voir comment les choses s'imbriquent et ce qu'il faut faire pour les faire avancer.

Ce livre s'intitule "Je choisis parce que c'est ma vie". Quel choix a été le plus difficile dans votre vie jusqu'à présent ? Pourquoi ?

J'ai eu quelques choix difficiles à faire dans ma vie, mais celui qui a eu la plus grande portée et le plus d'impact est probablement celui que nous avons fait lorsque nous avons choisi de vivre en France. Mon mari et moi menions une vie confortable en Angleterre, avec les défis quotidiens et constants d'une jeune famille, mais pas vraiment l'excitation ou l'intérêt auxquels nous étions habitués, lorsque nous avions tous deux des carrières et des vies sociales bien remplies et du temps pour nous !

Nous parlions régulièrement de partir à l'étranger et, peut-être attisés par les programmes télévisés de l'époque qui faisaient la promotion de la vie à l'étranger et montraient la qualité de vie que les gens semblaient avoir, nous avons commencé à réfléchir aux options qui s'offraient à nous. La Nouvelle-Zélande, notre premier choix, a été écarté en raison de la distance qui nous séparait du Royaume-Uni et de nos familles. Après avoir fait le tour de la France, nous avons trouvé un endroit qui nous plaisait particulièrement : le sud-ouest de la France, près des montagnes pyrénéennes et de l'océan. Les prix des maisons étaient bon marché et le taux de change était bon. Nous avons donc regardé autour de nous et avons rapidement choisi une propriété qui semblait cocher toutes les cases, puis nous avons fait notre achat - cela semblait si facile. Mais à notre retour au Royaume-Uni, les choses se sont compliquées : voulions-nous vraiment nous installer en France de façon permanente, à temps partiel, ou simplement comme maison de vacances.... que devions-nous faire ?

Nous avions désormais plus de questions et de décisions à prendre qu'auparavant. Était-ce la bonne chose à faire pour nos enfants ? Allaient-ils s'adapter, allaient-ils s'adapter ? Apprendraient-ils / apprendront-ils jamais la langue ? À quoi pensions-nous ? Nous avons parlé à nos amis et à notre famille, nous avons fait la liste des avantages et des inconvénients, nous avons analysé la situation, nous en avons discuté, mais il n'y avait pas de réponse simple. Après avoir tourné en rond, en essayant de trouver la meilleure solution, il est devenu évident que le choix était simple : partir ou rester ? Rester dans une vie confortable et facile ou se jeter à l'eau et essayer quelque chose de différent, vivre une aventure, relever un défi et nous développer, nous et notre vie. L'une ou l'autre voie avait ses bons et ses mauvais côtés, il n'y avait pas de "bonne réponse", il s'agissait donc de faire un choix. Nous avons choisi de partir, et à partir de ce moment-là, nous avons commencé une nouvelle vie en France. Je ne peux pas dire que cela a été facile, en fait cela a été très difficile à certains moments, je ne peux pas dire que c'était le "bon" choix, mais nous avons fait un choix et c'est notre vie maintenant. Quant à savoir si, à l'avenir, nous choisirons de quitter la France pour aller ailleurs, c'est un autre choix que nous devrons peut-être faire.

Ce livre est la suite de "I CAN because It's My Life", qui s'adressait aux enseignants et aux formateurs et mettait l'accent sur la liberté dont ils disposent dans les salles de classe. Comment ce message a-t-il résonné dans votre vie professionnelle ?

Cela fait maintenant 8 ans que j'enseigne, et ma vie professionnelle s'est déroulée auparavant dans les secteurs de la technologie et des affaires. Lorsque je travaillais dans ces secteurs, j'avais l'impression d'avoir plus de choix et plus d'opportunités de me développer et de choisir l'orientation de ma carrière. Depuis que j'ai participé aux projets avec Jana, j'ai constaté qu'il était possible d'aller plus loin dans le monde de l'enseignement des langues, qu'il y avait plus de possibilités, mais qu'il restait encore du travail à faire en matière de progression et de développement de carrière. Chaque enseignant a un style, une personnalité et une façon d'être différents et il faut permettre à chacun de s'épanouir dans la salle de classe à sa manière.

Le slogan "Je choisis parce que c'est ma vie" indique clairement à chacun que c'est LUI qui prend les décisions concernant sa vie. Il encourage une personne à prendre conscience de son propre pouvoir et l'invite à prendre une décision pour une vie meilleure et plus précieuse. Quel message adresseriez-vous aux lecteurs dans ce contexte ?

Il est important de réaliser que vous avez le pouvoir de créer votre propre vie et qu'il ne sert à rien d'attendre que la vie vienne à vous, vous devez prendre les devants et décider ce que vous voulez faire et comment vivre votre vie. La seule condition que je pose est que personne ne vit en vase clos et que les choix que nous faisons doivent tenir compte des personnes qui nous entourent et des effets qu'ils pourraient avoir sur elles. Lorsque j'étais célibataire et avant d'avoir des enfants, je faisais mes propres choix, mais aujourd'hui, je reconnais que mes choix ont un impact sur mes proches et que je dois en tenir compte. Je ne suis certainement pas parfaite dans ce domaine, peut-être même pas bonne, mais je reconnais qu'il y a des limites aux décisions que je prends. De la même manière, mes choix et mes décisions doivent être limités par la réalité. Il ne sert à rien que je décide que je veux être le prochain président français si je ne suis pas français et si mes compétences oratoires ne sont pas excellentes !

Dans sa version simplifiée, *Learn&Lead* pourrait être désigné comme l'apprentissage et le développement tout au long de la vie. Quel rôle l'apprentissage tout au long de la vie joue-t-il dans votre vie ?

J'ai toujours aimé apprendre de nouvelles choses et cela a toujours été un moteur dans ma vie. Même après avoir terminé l'université, j'ai toujours suivi, et je suis toujours, des cours pour améliorer mes compétences, qu'il s'agisse d'apprendre les bases d'une nouvelle langue, d'essayer de nouveaux sports ou de développer mes talents artistiques. Je réfléchis constamment à la manière d'améliorer les choses, de les faire avancer et de me développer - c'est l'une des joies de ma vie que de découvrir de nouvelles choses, cela maintient la vie vivante et fraîche. Je ne pense pas que je m'arrêterai un jour.

Qu'avez-vous dû subir avant de réaliser que vous avez votre vie entre vos mains ? Quels sont les échecs ou les victoires qui ont été les plus décisifs dans votre vie ?

Lorsque je travaillais dans le monde des affaires, il y avait aussi un patron, quelque part plus haut placé, qui prenait des décisions concernant votre emploi, votre parcours professionnel et ce qu'il fallait faire au travail. L'un des moments les plus décisifs de ma vie a probablement été celui où j'ai décidé de faire une pause dans ma carrière et où j'ai demandé un congé sabbatique de six mois pour faire le tour du monde. Ce n'était pas quelque chose que les gens faisaient dans notre entreprise, mais il a été convenu que je pouvais le faire... puis, à la dernière minute, la décision a été annulée par les RH qui ne voulaient pas créer de précédent. Je devais démissionner et postuler à nouveau à mon retour. J'étais au téléphone avec mon supérieur et il m'est apparu clairement que c'était mon choix, ma vie et que je devais le faire. J'ai donc dit ok et je suis partie avec mes bagages et mon mari pour explorer le monde pendant 6 mois. Aujourd'hui, avec le recul, je me demande si c'est un échec ou une victoire. - Je n'en suis pas si sûre, mais cela a changé l'orientation de ma vie professionnelle et je ne me suis plus jamais sentie aussi liée à une carrière particulière depuis lors.

Qui se tient à vos côtés lorsque vous devez faire un choix ? Pourquoi cette personne est-elle importante dans votre vie ?

Un certain nombre de personnes sont là pour moi lorsque je dois faire un choix. Je parle souvent à ma sœur, à mon père ou à de bons amis, mais évidemment, la personne à qui je parle habituellement est mon mari. Je dois admettre que ce n'est pas toujours le meilleur choix, il ne comprend pas toujours et n'est pas toujours d'accord avec moi, mais c'est une personne fiable à qui je peux exposer mes idées et discuter des options que j'ai ou que je n'ai pas. En général, nous arrivons à résoudre les problèmes, même si nous devons passer par des discussions animées avant de nous en sortir.

Avez-vous un rituel, un signe/indication ou d'autres aides qui vous guident dans votre processus de choix ?

J'ai tendance à réfléchir sur le moment et si je me sens en paix avec le choix, qu'il me semble juste, alors je me fie à la décision.

Vous avez été invité à participer à cet ouvrage en tant que l'une des personnes clés ayant contribué à l'élaboration du nouveau concept de formation pour adultes *Learn&Lead*. Comment décririez-vous le parcours d'apprentissage que vous avez dû suivre lors de l'élaboration de ce concept ?

Je pense qu'il fallait que je sorte de ma routine habituelle et que je fasse quelque chose qui aille au-delà de ce que je fais d'habitude. J'étais probablement un peu coincée dans la vie quotidienne de l'enseignement, car il y avait beaucoup de routine en ce qui concerne le type de leçons, les étudiants, les techniques et le matériel utilisés. Depuis trois ans que je participe à Learn & Lead, je pense qu'il s'agit d'un processus de transformation progressive et que j'ai acquis une nouvelle confiance dans l'enseignement et dans mon rôle de leader. J'ai dû réfléchir aux styles d'enseignement et j'ai exploré différentes méthodologies, mais la plus grande opportunité a probablement été pour les formateurs de travailler ensemble pour réfléchir à la manière dont la profession d'enseignant de langues pourrait être modifiée et à la manière de développer de nouvelles ressources et méthodes d'enseignement.

Que signifie Learn&Lead pour vous aujourd'hui ?

Il s'agit du concept selon lequel nous sommes toujours en train d'apprendre et que, grâce à cet apprentissage, nous ne nous développons pas seulement nous-mêmes, mais nous le transmettons également aux personnes qui nous entourent, qu'il s'agisse de nos collègues de travail ou de notre famille et de nos amis. Pour moi, aujourd'hui, il s'agit de me développer en tant que formateur en langues et, grâce à mon apprentissage et à mon perfectionnement, je peux travailler avec d'autres pour transmettre les idées et les connaissances.

Que souhaitez-vous à Learn&Lead pour l'avenir ?

Poursuivre dans cette direction et faire en sorte que cette vision des écoles de langues devienne une réalité, afin qu'il existe un secteur où les personnes et les écoles se développent et s'améliorent continuellement, de manière naturelle et organique, grâce à des modes de fonctionnement nouveaux et originaux qui respectent à la fois les formateurs et les dirigeants.

Personnalité. Apparition unique sur la scène de l'enseignement de l'anglais (ELT).

J'avais entendu parler de Paul bien avant de le rencontrer personnellement et d'en faire l'expérience en tant que formateur. Les rumeurs qui circulaient à son sujet méritaient mon attention précisément en raison de son extravagance et de son mode de vie indépendant (ainsi que de sa façon de donner des cours d'anglais). Lorsque je l'ai entendu parler lors du cours "Building positive group dynamics" à Pilgrims en juillet 2010, j'ai pleinement compris pourquoi il était considéré comme l'une des figures de proue de cette école extraordinaire. Paul a une connaissance profonde, une large perception et offre un message significatif à travers lequel il aide les enseignants à sortir des sentiers battus et à se libérer des croyances qui les empêchent d'être des personnes vraies et authentiques dans leurs classes. Lorsque vous le rencontrerez, vous comprendrez ce que je veux dire. Accordez-vous suffisamment de temps pour le rencontrer et sachez que ce sera l'un des moments les plus puissants qui vous apportera de nouvelles connaissances précieuses dans votre vie. Paul est un formateur d'enseignants et de formateurs du "deuxième étage". Il est donc naturel que l'on doive grandir pour atteindre son "niveau".

Quelle est votre relation avec Jana Chynoradska et Harmony Academy ? Comment la décririez-vous ?

Quelle est ma relation avec Harmony ? C'est l'école, je viens ici, j'enseigne et je l'aime bien. Et par rapport à vous ? Vous êtes quelqu'un qui pense comme moi et qui traîne avec moi à Canterbury quand j'y suis et aussi quand je suis en Slovaquie.

Ce livre s'intitule "Je choisis parce que c'est ma vie". Quel choix a été le plus difficile dans votre vie jusqu'à présent ? Pourquoi ?

Jouer mon âge. À 30 ans, on devrait avoir grandi et à 60 ans, on devrait vraiment vieillir, et je trouve cela difficile. Le choix le plus important que j'ai eu à faire est celui de prendre ma retraite (j'ai 64 ans), ce qui est très difficile et frustrant. J'ai choisi de prendre ma retraite, en quelque sorte. Je ne choisis pas vraiment les choses. Par exemple, je suis enseignante, mais je n'ai pas vraiment choisi de l'être. Je vois simplement où les choses vont et elles arrivent. Je ne suis pas très douée pour choisir.

C'est ça le truc, comme je vais devenir professeur, je vais écrire un livre ou je vais faire ceci. Certaines choses se sont produites organiquement. Dans ma vie, je ne dis pas que je suis typique, mais je ne comprends pas que les gens choisissent des choses. Les gens veulent être des grévistes ou aller vivre en Espagne. Je suis le courant. Je suis très passif-agressif dans mes choix.

Ce livre fait suite à "I CAN because It's My Life", qui s'adressait aux enseignants et aux formateurs et mettait l'accent sur la liberté dont ils disposent dans les salles de classe. Comment ce message a-t-il résonné dans votre vie professionnelle ?

Andrew Marvell, un poète anglais, a dit : "La tombe est un bel endroit privé, mais personne, je pense, ne l'embrasse." Et je pense qu'une salle de classe est un espace très privé. Ainsi, lorsque vous entrez dans une salle de classe, il n'y a que vous, les élèves, pas de parents, ni d'administration. Une fois par mois, un directeur aurait dû venir inspecter ma classe, mais il ne l'a pas fait aussi souvent parce qu'il était trop paresseux. Le patron est donc venu dans mon école et m'a inspecté tous les six ou trois mois et, à la fin de la leçon, les élèves ont dit : "C'est un peu différent de notre leçon habituelle". Vous donnez le cours que le directeur attend, tant que les élèves sont de votre côté, vous pouvez faire ce que vous voulez. La plupart des enseignants sont opprimés par les programmes, les manuels scolaires ou autres, à mon avis. Vous devez d'abord vous occuper de vos élèves, vous devez vous mettre à leur niveau et leur dire ce que vous feriez, puis les élever progressivement et développer une méthode d'apprentissage plus intéressante. Si cela se passe mal, les étudiants diront "donnez-moi plus de grammaire", si cela se passe bien, vous les avez de votre côté, vous apprenez avec eux, mais personne ne le sait parce que personne ne vient dans la salle de classe.

Le slogan "Je choisis parce que c'est ma vie" indique clairement à chacun que c'est LUI qui prend les décisions concernant sa vie. Il encourage une personne à prendre conscience de son propre pouvoir et l'invite à prendre une décision pour une vie meilleure et plus précieuse. Quel message adresseriez-vous aux lecteurs dans ce contexte ?

D'accord, je dirais "n'ayez pas peur de sortir de votre abri" lorsque vous désapprouvez, cela pourrait être utile. Les gens sont un peu trop polis. Désapprouvez plus correctement parce que c'est souvent passif-agressif et que ça se termine comme si personne ne faisait rien. Vous devez avoir une bonne dispute ou même accepter le fait que vous ne devez jamais être d'accord.

Dans sa version simplifiée, *Learn&Lead* pourrait être désigné comme l'apprentissage et le développement tout au long de la vie. Quel rôle l'apprentissage tout au long de la vie joue-t-il dans votre vie ?

J'ai arrêté très tôt de faire des études. Cela dépend de la personnalité, certaines personnes aiment améliorer leurs qualifications ; j'ai arrêté, je n'en avais presque pas. Je pense que l'on finit par apprendre ce qu'il faut faire ; la meilleure chose que j'aie jamais entendue : "le signe d'une leçon réussie est que l'enseignant a appris une chose". À chaque leçon, l'enseignant doit apprendre une chose. Si vous, l'enseignant, apprenez une chose à chaque heure de cours, vous pouvez être bien meilleur que n'importe quel MA, linguiste ou psychologue.

Qu'avez-vous dû subir avant de réaliser que vous avez votre vie entre vos mains ? Quels sont les échecs ou les victoires qui ont été les plus décisifs dans votre vie ?

Je n'ai jamais vraiment cessé de me battre. Certaines choses ont bien marché, d'autres ont mal marché. Une chose que je déteste, c'est quand j'écoute la télévision ou la radio et qu'il est question d'une personne héroïque qui a perdu ses deux jambes et qui a décidé de devenir alpiniste sans jambes ; je déteste ce genre d'histoires inspirantes de personnes qui ont perdu leurs jambes et qui ont décidé d'escalader toutes les montagnes de tous les continents. Je déteste également les histoires de personnes qui ont failli mourir et qui sont revenues de la mort, je déteste ces victoires extrêmes. J'ai toujours préféré un échec médiocre à une réussite médiocre. Quant à la question, je ne pense pas qu'elle soit vraie. Je ne pense pas que la vie soit vraiment entre vos mains, je pense que j'ai juste beaucoup de chance. Je n'ai jamais gagné un million, mais je n'ai jamais perdu ma jambe dans un accident de train, etc. Je ne pense pas avoir le contrôle de ma vie. Je suis un vagabond. J'ai changé d'emploi, de profession, de relation, de lieu de vie.

Qui se tient à vos côtés lorsque vous devez faire un choix ? Pourquoi cette personne est-elle importante dans votre vie ?

Personne. Vraiment. J'ai une relation. J'ai un partenaire depuis 20 ans, mais nous ne parlons pas de choix. Je ne fais pas de choix, je suis un vagabond. Je pense que c'est ma réponse, désolé.

Avez-vous un rituel, un signe/indication ou d'autres aides qui vous guident dans votre processus de choix ?

Il y a beaucoup de personnes que j'admire vraiment et dont j'aime le style, mais j'ai un problème lorsque je regarde des gens, des personnes que je respecte vraiment ; j'ai tendance à me mettre à agir comme eux, mais d'une manière bien pire qu'eux, et à perdre la façon dont j'agirais. Ce que je veux, c'est éviter autant que possible de regarder les gens. Ce n'est pas parce que je n'admire pas leur travail, mais je pense que si vous les observez trop, vous perdez ce qu'il y a de bon dans votre façon de travailler. Il faut être très prudent ; ce que je fais, c'est que j'observe quelqu'un qui est vraiment bon, puis j'arrête de l'observer, de regarder comment il travaille, juste par précaution, pour ne pas prendre modèle sur lui et perdre mon propre style.

Vous avez été invité à participer à cet ouvrage en tant que l'une des personnes clés ayant contribué à l'élaboration du nouveau concept de formation pour adultes *Learn&Lead*. Comment décririez-vous le parcours d'apprentissage que vous avez dû suivre lors de l'élaboration de ce concept ?

C'est aussi une question un peu difficile. En fait, on m'a demandé de faire ce que je fais normalement pour Harmony. En fait, j'ai fait ce que je fais normalement, donc je n'ai pas vraiment conscience de faire partie d'une stratégie, si ce n'est d'avoir l'occasion de rencontrer des gens et des membres du personnel autour d'un dîner.

Que signifie Learn&Lead pour vous aujourd'hui ?

C'est une expression intéressante. Je n'ai pas fait de recherches approfondies. Cela m'intéresserait beaucoup de l'étudier. Quand je parle, je n'aime pas parler d'étudiants, j'aime parler d'apprenants. L'enseignant est un technicien, un leader technique. Telle est ma philosophie de base.

Que souhaitez-vous à Learn&Lead pour l'avenir ?

Vous posez la question à quelqu'un qui est à la retraite. Je pense que la survie, il y aura toujours une petite proportion de n'importe quelle industrie qui progresse dans un domaine très difficile. J'espère donc que vous survivrez et que vous prospérerez.

10. DORIS SUCHET

DORIS SUCHET dirige depuis plus de douze ans la plus ancienne école de langues d'Oxford. L'école REGENT OXFORD, fondée en 1953, accueille chaque année près d'un millier d'étudiants du monde entier. Elle emploie 35 professeurs pendant la saison estivale. Elle est originaire de Pologne, mais depuis ses études universitaires, elle vit et travaille à Oxford.

J'ai eu l'occasion de rencontrer Doris lors d'une des conférences organisées dans cette belle ville antique il y a plusieurs années. Lors de la mise en place du parcours Learn&Lead, c'est également dans son école que j'ai trouvé des réponses à certaines des questions qui tourbillonnaient dans mon esprit. J'ai appris à connaître Doris comme une femme très dynamique et déterminée qui sait ce qu'elle fait. Dans son école, j'ai trouvé les formateurs qui pouvaient me guider et développer mes compétences en matière de présentation, de marketing, de leadership et de gestion scolaire. Doris peut éveiller l'enthousiasme des gens pour l'apprentissage parce qu'elle est authentique et naturelle dans son travail. C'est pourquoi je l'ai approchée pour qu'elle coopère à l'organisation de cours de formation fonctionnelle pour les enseignants, les formateurs et les directeurs d'écoles de langues dans le cadre de la stratégie Learn&Lead. Les premières réponses des participants ont été très positives, et je suis donc ravie que nous ayons choisi la bonne direction. Je pense qu'ensemble, nous parviendrons à continuer à avancer dans l'unité et la concorde qui sont nécessaires pour construire un système de croissance et de développement durables de l'apprentissage des langues dans notre société.

Quelle est votre relation avec Jana Chynoradska et Harmony Academy ? Comment la décririez-vous ?

Jana et moi nous connaissons depuis environ 5 ans. Nous nous sommes rencontrées à l'Oxford Principals' Forum, un symposium universitaire et commercial organisé par Instill Education, la société pour laquelle je travaille. J'ai été immédiatement attirée par l'enthousiasme manifeste et contagieux de Jana pour l'éducation. Nous nous sommes rapprochées sur plusieurs points, notamment notre passion commune pour l'enseignement, l'apprentissage et l'amélioration continue de soi et des autres. Au début, notre relation était de nature commerciale : moi en tant que directeur d'école et Jana en tant que partenaire représentant qui fait la promotion de Regent Oxford auprès de nouveaux étudiants potentiels en Slovaquie. Au bout d'un certain temps, nous avons commencé à collaborer sur d'autres projets visant à améliorer les compétences en matière de gestion, de leadership et de communication. Les résultats qu'ils produisent et les récompenses qu'ils offrent en termes de développement, le mien et celui des autres, sont de plus en plus importants !

Ce livre s'intitule "Je choisis parce que c'est ma vie". Quel choix a été le plus difficile dans votre vie jusqu'à présent ? Pourquoi ?

Je ne qualifierais aucun de mes choix de vie de difficile ; pour moi, ce n'est pas le mot qui décrit le mieux ce que je ressens à leur égard. Les termes "courageux" ou "difficile" seraient plus appropriés, car une fois que j'ai pris une décision ou fait un choix, je sais que je m'y tiendrai, que *j'*accomplirai ce que j'ai décidé de faire et que je réussirai - ce qui compte, c'est de découvrir comment je vais m'y prendre exactement pour réussir à relever le défi. Ainsi, les choix les plus "courageux" dont je suis fier dans ma vie consistent à choisir de vivre ma vie dans un autre pays et de la réussir aussi bien que je l'aurais fait dans mon pays d'origine, sans faire de compromis dans ma vie personnelle ou professionnelle. Accepter un poste de direction dans une école de langues alors que j'étais encore très jeune, inexpérimentée et allochtone a également été un choix courageux. Cela inclut également mon choix de n'avoir qu'un seul enfant - un choix que j'ai fait consciemment (certains diront égoïstement et ils auront probablement raison aussi !) afin de pouvoir me concentrer sur ce qui me permet de me sentir épanouie dans ma vie - ma carrière. Je trouve que c'est le seul choix pour lequel, en tant que femme, je suis souvent critiquée ou du moins incomprise. Je pense qu'aujourd'hui encore, il y a beaucoup de stigmates attachés au fait que les femmes choisissent leur carrière plutôt que leur famille, ce qui, dans la société, est encore perçu comme une prérogative masculine.

Ce livre est la suite de "I CAN because It's My Life", qui s'adressait aux enseignants et aux formateurs et mettait l'accent sur la liberté dont ils disposent dans les salles de classe. Comment ce message a-t-il résonné dans votre vie professionnelle ?

Je place toujours l'innovation et la créativité au premier plan dans tout ce que je fais. Pour moi, cela signifie que je dois m'entourer des bonnes personnes pour que le travail soit *bien* fait. Je pense qu'il est essentiel de connaître la direction que vous voulez prendre, votre plan, le type de culture d'entreprise que vous voulez créer autour de vous, et pour y parvenir, il est primordial de choisir les bonnes personnes.

Le slogan "Je choisis parce que c'est ma vie" indique clairement à chacun que c'est LUI qui prend les décisions concernant sa vie. Il encourage une personne à prendre conscience de son propre pouvoir et l'invite à prendre une décision pour une vie meilleure et plus précieuse. Quel message adresseriez-vous aux lecteurs dans ce contexte ?

J'ai le sentiment que mon école est "ma vie", alors offrir à mon personnel la liberté de création dont il a besoin pour être fier de son travail est un choix qui vaut la peine d'être fait. Et en fin de compte, être un membre plus efficace de l'équipe est un choix qui vaut la peine d'être fait, même si, comme le dit le proverbe, "c'est simple, mais ce n'est pas facile" ! C'est simple, mais ce n'est pas facile ! Il ne suffit pas de faire un choix, il faut le faire avec conviction et *le* réaliser. Même si vous choisissez de ne pas choisir et de laisser quelqu'un d'autre décider, faites-le aussi avec conviction.

Dans sa version simplifiée, *Learn&Lead* pourrait être désigné comme l'apprentissage et le développement tout au long de la vie. Quel rôle l'apprentissage tout au long de la vie joue-t-il dans votre vie ?

Si vous travaillez dans le domaine de l'éducation, vous ne devez jamais cesser d'apprendre vous-même, sinon vous demanderez aux autres de faire quelque chose que vous n'êtes pas prêt à faire vous-même.

Qu'avez-vous dû subir avant de réaliser que vous avez votre vie entre vos mains ? Quels sont les échecs ou les victoires qui ont été les plus décisifs dans votre vie ?

Comme l'a dit Roberto Benigni : "Je remercie mes parents pour le don de la pauvreté". Je viens d'une famille nombreuse aux moyens modestes ; la valeur d'une bonne éducation et la volonté de donner le meilleur de moi-même dans tout ce que j'entreprends m'ont été inculquées dès mon plus jeune âge. Benjamin Franklin a également dit : "Ce n'est pas d'où l'on vient, c'est ce que l'on en fait" et j'y crois de tout cœur. Cela s'applique également à mes étudiants qui apprennent l'anglais. Je leur donne souvent un bon conseil : ce qui compte, ce n'est pas le niveau d'anglais que vous avez, c'est ce que vous pouvez en faire.

Qui se tient à vos côtés lorsque vous devez faire un choix ? Pourquoi cette personne est-elle importante dans votre vie ?

En fin de compte, vous ne pouvez compter sur personne pour vous tenir la main ; vous devez être prêt à faire des choix dont vous savez qu'ils sont justes, indépendamment de ce que les autres peuvent penser. J'ai la chance d'avoir une famille qui me soutient, un directeur qui m'encourage et un co-directeur qui m'inspire et avec qui je dirige l'école. Il partage ma vision de l'école, mais il est également prêt à être mon ultime ami critique lorsque j'en ai besoin ; c'est le plus grand des cadeaux, car il me fait réaliser quand et où je dois encore m'améliorer - en tant que personne, manager, éducateur et dirigeant - et il me donne envie de travailler pour y parvenir !

Avez-vous un rituel, un signe/indication ou d'autres aides qui vous guident dans votre processus de choix ?

Aussi difficile que cela puisse être, j'essaie de toujours suivre mon instinct ou l'instinct de ceux qui m'entourent et en qui j'ai confiance. En général, la première décision que je prends est la meilleure et le fait de brouiller les pistes en hésitant peut faire la différence entre la brillance et la médiocrité. Ma maxime de vie est "Je *ne peux jamais* mourir", ce dont je me suis rendu compte de manière fulgurante lorsque mon fils avait trois jours et que l'ampleur de la responsabilité parentale m'a frappée de plein fouet. Je crois cependant que c'est vrai - pas en termes de *possibilité* et de *capacité*. Pour moi, cela signifie "je suis forte" - il n'est pas possible de me vaincre et je ne suis pas capable d'être vaincue. Cette conviction me donne une grande force intérieure et l'"énergie" que beaucoup m'attribuent.

Vous avez été invité à participer à cet ouvrage en tant que l'une des personnes clés ayant contribué à l'élaboration du nouveau concept de formation pour adultes *Learn&Lead*. Comment décririez-vous le parcours d'apprentissage que vous avez dû suivre lors de l'élaboration de ce concept ?

Je pense que la chose la plus importante que j'ai apprise est la patience. Je continue à l'apprendre... Il est impératif de se soumettre au processus, de s'y ouvrir, de s'adapter et de croire de tout cœur en son efficacité - et de croire en sa capacité à émerger en tant qu'être humain plus confiant et plus dynamique à l'autre bout du défi.

Que signifie Learn&Lead pour vous aujourd'hui ?

Cela signifie beaucoup de défis et d'"impossibilités" que Jana m'a imposés - ma première réaction est toujours de douter de moi-même - "Est-ce que je peux faire ce qu'elle me demande ? Ensuite, je choisis d'accepter le défi et de commencer à trouver le moyen de le relever. Cela signifie également apprendre - réaliser ce que je sais et que je peux partager avec les autres pour les rendre meilleurs - personnellement et professionnellement - et réaliser ce que je ne sais toujours pas, ce que je peux encore améliorer et le faire !

Que souhaitez-vous à Learn&Lead pour l'avenir ?

Continuer à se renforcer et à apporter une valeur ajoutée à la vie des autres, comme c'est déjà le cas.

11. DANIEL BACIK

Daniel Bacik est diplômé de l'Université de Matej Bel à Banska Bystrica, Faculté des sciences humaines, domaine d'études : Langue et littérature anglaises - Histoire ; il a ensuite soutenu son doctorat lors d'une "viva voce" en méthodologie de l'enseignement de l'anglais (diplôme obtenu : PaedDr.). Dès le début de ses études universitaires, il a travaillé comme professeur d'anglais dans différentes écoles de Banska Bystrica. Après avoir obtenu son diplôme, il a travaillé comme enseignant, chef de projet et directeur adjoint à l'école de grammaire de M. Kovac à Banska Bystrica. En 2006, il a créé le lycée privé Orbis Eruditionis à Banska Bystrica. Depuis 2008, il est directeur général de l'école de langues PLUS Academia à Bratislava. Sa vie professionnelle est étroitement liée aux fonds de l'UE et aux projets financés par ceux-ci. Il s'agit notamment de projets Comenius 1 mis en œuvre avec le lycée, ainsi que de la coopération entre les fonds pour le retour et les frontières extérieures et PLUS Academia. Il jouit d'une autorité naturelle et constitue une force motrice pour tous les efforts de PLUS Academia. Il possède de grandes compétences en matière de gestion qui ont permis à PLUS Academia de devenir l'une des écoles de langues les plus importantes et les plus qualitatives du marché slovaque.

Depuis que j'ai proposé de créer un système alternatif commun de formation continue pour les enseignants et les formateurs en langues étrangères dans nos écoles de langues à l'Association des écoles de langues de la République slovaque (AJS SR), Dano a été la personne qui m'a soutenu. Même aujourd'hui, je le vois lever la main pour être le premier à rejoindre ma petite équipe créée à l'époque où l'idée de PROLANTCAP a commencé à s'appuyer sur les piliers du modèle Learn&Lead. C'était à l'automne 2014. Au cours de ces années, j'ai appris à connaître Dano en tant que personne très disciplinée, déterminée et passionnée par l'amélioration de la qualité de l'apprentissage des langues. J'ai déjà compris pourquoi son école connaît un tel succès aujourd'hui. Dano sait qu'il doit renforcer et développer les capacités de ses formateurs actuels afin de réussir dans l'ensemble à l'avenir. Je souhaite que nous restions en contact grâce à notre désir commun de laisser un message à tous ceux qui souhaitent sérieusement offrir un apprentissage des langues de haute qualité dans notre pays et dans toute l'Europe.

Quelle est votre relation avec Jana Chynoradska et Harmony Academy ? Comment la décririez-vous ?

Je connais Janka depuis l'époque où elle travaillait à l'université de Trnava. Je l'ai toujours considérée comme une spécialiste de l'enseignement de l'anglais. Sur le plan professionnel, nos chemins se sont croisés lorsque Harmony a rejoint l'Association des écoles de langues de la République slovaque. Nos objectifs et visions communs nous ont rapprochées et nous avons entamé une coopération plus étroite dans le cadre du projet PROLANT CAP. Notre relation s'est progressivement transformée de professionnelle en amicale. Je perçois Harmony de la même manière, car Jana = Harmony, Harmony = Jana. ©

Ce livre s'intitule "Je choisis parce que c'est ma vie". Quel choix a été le plus difficile dans votre vie jusqu'à présent ? Pourquoi ?

Je suis désolée, mais je ne peux pas répondre à cette question. Je ne me sens pas à l'aise pour partager ma vie privée avec le public. Les choix les plus difficiles sont toujours liés à la vie privée.

Ce livre est la suite de "I CAN because It's My Life", qui s'adressait aux enseignants et aux formateurs et mettait l'accent sur la liberté dont ils disposent dans les salles de classe. Comment ce message a-t-il résonné dans votre vie professionnelle ?

Je ne sais pas comment répondre à cette question. Je viens d'entendre/lire ce message pour la première fois.

Le slogan "Je choisis parce que c'est ma vie" indique clairement à chacun que c'est LUI qui prend les décisions concernant sa vie. Il encourage une personne à prendre conscience de son propre pouvoir et l'invite à prendre une décision pour une vie meilleure et plus précieuse. Quel message adresseriez-vous aux lecteurs dans ce contexte ?

Je suis d'accord avec cette affirmation. J'ajouterais peut-être une chose, à savoir que nous n'avons qu'une seule chance, et qu'il est donc nécessaire de comprendre comment saisir cette chance (chance = vie).

Dans sa version simplifiée, *Learn&Lead* pourrait être désigné comme

l'apprentissage et le développement tout au long de la vie. Quel rôle l'apprentissage tout au long de la vie joue-t-il dans votre vie ?

Il fait partie intégrante de ma vie. Chaque jour, j'apprends quelque chose de nouveau. Que ce soit de manière ciblée ou au hasard. L'éducation et la connaissance sont des choses que personne ne peut vous enlever.

Qu'avez-vous dû subir avant de réaliser que vous avez votre vie entre vos mains ? Quels sont les échecs ou les victoires qui ont été les plus décisifs dans votre vie ?

Je pense que j'en ai pris conscience dès mon enfance. La famille, l'école, les amis et tout ce qui m'entoure ont un impact sur ce que je suis. Mais j'ai toujours été conscient que j'étais le seul à pouvoir réellement influencer ma vie.

Honnêtement, je considère toute ma vie comme une grande victoire (je le pense jusqu'à présent). Il y a eu des difficultés, mais pas des difficultés radicales.

Qui se tient à vos côtés lorsque vous devez faire un choix ? Pourquoi cette personne est-elle importante dans votre vie ?

Dans la vie privée - ma femme, ma fille et ma famille. Dans la vie professionnelle : mes collègues, car tout comme je suis là pour eux, ils sont là pour moi. Nous pouvons compter les uns sur les autres.

Avez-vous un rituel, un signe/indication ou d'autres aides qui vous guident dans votre processus de choix ?

Non.

Vous avez été invité à participer à cet ouvrage en tant que l'une des personnes clés ayant contribué à l'élaboration du nouveau concept de formation pour adultes *Learn&Lead*. Comment décririez-vous le parcours d'apprentissage que vous avez dû suivre lors de l'élaboration de ce concept ?

Comme je l'ai déjà dit plus haut, j'apprends chaque jour quelque chose de nouveau. Chaque jour est consacré à un concept commun, ce qui confirme que j'ai pris la bonne décision. Savoir que l'on fait dans la vie des choses que l'on aime et qui font aussi partie de son travail est magnifique. J'en suis reconnaissant.

Que signifie Learn&Lead pour vous aujourd'hui ?

Une désignation claire de ce qui doit être fait dans le domaine de l'éducation (pas seulement dans l'éducation aux langues) en Slovaquie et même dans toute l'Europe.

De plus, il s'agit d'un outil pour ce changement.

Que souhaitez-vous à Learn&Lead pour l'avenir ?

Beaucoup de bonnes personnes ! C'est toujours une question de personnes.

12. ZUZANA SILNA

Zuzana Silna est titulaire d'une maîtrise en commerce international et d'un doctorat en économie mondiale. Pendant sept ans, elle a donné des cours sur le commerce international et l'intégration européenne à la faculté de commerce de l'université d'économie de Bratislava. Actuellement, elle travaille dans le domaine de la politique du commerce extérieur au ministère de l'économie de la République slovaque et, pendant la présidence slovaque, elle a présidé un groupe de travail du Conseil de l'Union européenne. Les langues étrangères sont sa passion. Elle parle l'anglais et l'allemand. Actuellement, elle apprend le croate, l'italien et le français.

Depuis 2001, Zuzka est l'un des clients de notre école. Notre histoire commune montre clairement comment Harmony Academy a réussi à se développer et à répondre aux besoins de ses clients "grandissants" au cours des dernières années. Zuzka est venue nous voir à l'époque où elle avait besoin d'améliorer son anglais à des fins académiques. Plus tard, elle a été l'une des premières clientes à s'intéresser aux programmes professionnels traitant des thèmes de la "direction d'équipe" et du "développement personnel" et elle est aujourd'hui officiellement la première étudiante Learn&Lead, à savoir l'étudiante du programme "Learn&Lead Individual". Zuzka a le charme d'une personnalité sage, éclairée, intelligente, humble et forte dans ses convictions. Personnellement, je suis ravi que, lors de nos sessions, elle s'ouvre à des questions qui résonnent en elle depuis longtemps et qui étaient protégées dans une zone sûre de son monde intérieur. Cependant, comme dans la vie de chacun d'entre nous, elle est aussi arrivée à un moment de sa vie où il est nécessaire de faire un pas en avant et de recueillir les sources intérieures qui nous aideront à faire face à tous les obstacles possibles sur ce nouveau chemin de la vie. Zuzka est confrontée à un avenir dans lequel elle pourra influencer le cadre de son environnement de travail. 1 souhaite qu'elle continue à suivre son cœur sage. Il l'orientera vers les personnes, les opportunités et les situations qui font partie de sa vie et qui lui permettront d'atteindre la joie et le bonheur.

Quelle est votre relation avec Jana Chynoradska et Harmony Academy ? Comment la décririez-vous ?

Je connais Harmony depuis ses débuts. J'ai participé à l'école d'été organisée après sa première année d'existence. Harmony est l'école de langues en laquelle j'ai confiance. Qu'il s'agisse d'améliorer mon anglais ou de me préparer au rôle de président d'un groupe de travail, j'ai toujours trouvé chez Harmony ce que je cherchais. J'ai rencontré le professeur Christian Scott qui m'a aidé à me préparer à la présidence, non seulement sur le plan linguistique, mais aussi sur le plan de la confiance en soi.

Pour moi, Janka n'est pas seulement une enseignante hors pair, mais aussi un excellent coach. Je lui suis reconnaissant d'avoir partagé avec moi, dans le cadre du programme Learn&Lead, l'expérience qu'elle a acquise au cours des années passées à la tête d'Harmony et de son personnel.

Harmony est un espace sûr où je peux me développer tant sur le plan professionnel que personnel.

Ce livre s'intitule "Je choisis parce que c'est ma vie". Quel choix a été le plus difficile dans votre vie jusqu'à présent ? Pourquoi ?

J'ai eu la chance de ne pas avoir à prendre de décisions vraiment cruciales. Néanmoins, il m'a été assez difficile de quitter l'université. J'aimais travailler comme professeur d'université. J'avais cependant l'impression qu'à l'université, il n'y avait plus de place pour un développement ultérieur.

Ce livre est la suite de "I CAN because It's My Life", qui s'adressait aux enseignants et aux formateurs et mettait l'accent sur la liberté dont ils disposent dans les salles de classe. Comment ce message a-t-il résonné dans votre vie professionnelle ?

J'avoue que je n'ai pas (encore) lu le livre "I Can because It's My Life" (Je peux parce que c'est ma vie). Néanmoins, Janka m'a présenté un texte qui semble provenir de Charlie Chaplin. Il dit : "Lorsque j'ai commencé à m'aimer, j'ai compris qu'en toute circonstance, je suis au bon endroit au bon moment, et que tout se passe exactement au bon moment. Je pouvais donc être calme. C'est ce que j'appelle aujourd'hui l'autoconfiance". Je le reformulerais comme suit : "Je peux parce que c'est ma vie, parce qu'en toute circonstance, je suis au bon endroit au bon moment, et que tout se passe exactement au bon moment. Je peux donc être calme."

Le slogan "Je choisis parce que c'est ma vie" indique clairement à chacun que c'est LUI qui prend les décisions concernant sa vie. Il encourage une personne à prendre conscience de son propre pouvoir et l'invite à prendre une décision pour une vie meilleure et plus précieuse. Quel message adresseriez-vous aux lecteurs

dans ce contexte ?

Suivre le slogan "Je choisis parce que c'est ma vie" procure un grand sentiment de liberté - liberté par rapport à la peur, aux opinions et aux attentes de la société. D'un autre côté, ce n'est pas un chemin facile. Notre société n'est pas encore prête à accueillir des personnes créatives, indépendantes, proactives et libres. Vous risquez de vous heurter à l'opposition et à l'incompréhension. Mais le sentiment de liberté et la paix intérieure en valent la peine.

Dans sa version simplifiée, *Learn&Lead* pourrait être désigné comme l'apprentissage et le développement tout au long de la vie. Quel rôle l'apprentissage tout au long de la vie joue-t-il dans votre vie ?

L'apprentissage est très important dans ma vie. Je pense qu'une personne doit faire de son mieux pour devenir la meilleure version d'elle-même. Et cela ne signifie pas seulement devenir un plus grand expert ou apprendre plus de langues, mais surtout devenir une meilleure personne - apprendre à se connaître, apprendre à s'aimer et à aimer les autres.

Qu'avez-vous dû subir avant de réaliser que vous avez votre vie entre vos mains ? Quels sont les échecs ou les victoires qui ont été les plus décisifs dans votre vie ?

Dans mon cas, il s'agirait d'une expérience relativement nouvelle. La présidence slovaque du Conseil de l'UE a été le plus grand défi que j'ai jamais eu à relever. J'ai pris la préparation très au sérieux - j'ai rencontré Christian et j'ai ensuite commencé à travailler avec Janka dans le cadre du programme Learn&Lead. En tant que présidente d'un groupe de travail, j'étais responsable en dernier ressort des résultats obtenus par mon groupe de travail. J'avais peur de ne pas être à la hauteur de ce rôle. Finalement, nous avons obtenu des résultats comme aucune autre présidence ne l'avait fait depuis très longtemps. Cette expérience m'a permis de réaliser que je suis tout à fait capable de faire de grandes choses et que je ne dois pas avoir peur.

Qui se tient à vos côtés lorsque vous devez faire un choix ? Pourquoi cette personne est-elle importante dans votre vie ?

Il s'agit, bien sûr, de ma famille en premier lieu. Cependant, il y a souvent des situations dans lesquelles je préfère parler à deux amis proches. Nous vivons des problèmes similaires, nous cherchons des réponses à des questions similaires. Et parfois, il peut s'agir de personnes que je ne connais pas très bien. Il suffit d'écouter, de passer la journée les yeux et les oreilles ouverts, et les bons conseils leur parviendront.

Avez-vous un rituel, un signe/indication ou d'autres aides qui vous guident dans votre processus de choix ?

Je me suis rendu compte que je suis souvent submergé par mes sentiments lorsque je prends des décisions importantes. C'est pourquoi je m'efforce de ne pas prendre de décisions sur-le-champ. Je prends le temps nécessaire pour laisser mûrir la décision. Je ne fais jamais de liste de pour et de contre. Je prends des décisions rationnelles. En même temps, j'écoute mon cœur. Je choisis une solution que je peux intérioriser.

Vous avez été invité à participer à cet ouvrage en tant que l'une des personnes clés ayant contribué à l'élaboration du nouveau concept de formation pour adultes *Learn&Lead*. Comment décririez-vous le parcours d'apprentissage que vous avez dû suivre lors de l'élaboration de ce concept ?

Je suis le premier étudiant de Learn&Lead, je crois. Je ne sais pas si j'ai contribué d'une manière ou d'une autre au développement du programme Learn&Lead. Quoi qu'il en soit, j'ai parcouru un chemin qui m'a permis d'apprendre à m'accepter et à accepter les autres. Je ne les vois plus comme des obstacles sur le chemin qui mène à un objectif. Mais plutôt comme une source d'inspiration, de soutien et d'aide. Je crois que l'acceptation de soi est le facteur clé. Une personne qui s'accepte elle-même se libère de la peur de ne pas être assez bonne pour faire face aux différents défis de sa vie. En même temps, elle peut contrôler son ego pour résoudre les problèmes et diriger les gens de manière constructive et compréhensive.

Que signifie Learn&Lead pour vous aujourd'hui ?

Au cours des leçons avec Janka, j'ai beaucoup appris - sur moi-même, sur le leadership. Ce que j'apprécie le plus, c'est que nos réunions constituent un espace sûr où je peux parler ouvertement des choses pesantes qui me préoccupent dans ma vie professionnelle et privée.

Que souhaitez-vous à Learn&Lead pour l'avenir ?

Je souhaite qu'Harmony soit connu de nombreuses personnes. Je suis sûr qu'il y a de nombreux professionnels qui veulent faire les choses différemment, qui veulent créer un environnement de travail intéressant, motivant et sûr pour leurs employés ou leurs collègues. Je souhaite qu'Harmony ait la chance de changer la vie de beaucoup d'autres personnes.

13. LA STRUCTURE DE GESTION FONCTIONNELLE DE L'ÉCOLE LEARN&LEAD

Cette nouvelle structure de gestion a été développée par Jana Chynoradska et son équipe à HARMONY ACADEMY (une école de langues) dans le cadre des projets éducatifs Learn&Lead cofinancés par l'Association académique slovaque pour la coopération internationale (SAAIC) en Slovaquie entre 2010 et 2017.

Il apporte des réponses aux questions suivantes :
Comment surmonter une crise dans notre école/entreprise ?
Comment arrêter la baisse de performance de notre école/entreprise ?
Comment améliorer la qualité et augmenter les performances en même temps ?
Comment convaincre nos clients que nous valons plus d'argent ?
Où pouvons-nous trouver de l'argent/des fonds pour la formation professionnelle continue de notre personnel ?
Comment pouvons-nous maintenir notre école de langues dans le monde actuel, qui connaît une croissance et une évolution rapides ?

Discours de bienvenue de Jana
Je suis heureux de vous accueillir dans le monde de LEARN&LEAD où tout est POSSIBLE. Aussi difficile que cela puisse paraître au début, si cela a du sens pour vous, alors cela a du sens en tant que tel. Imaginez un monde où vous pouvez être qui vous êtes vraiment, où vous pouvez faire ce qui vous rend vraiment heureux.

Bien sûr, cela prend du temps et il faut surmonter de nombreux obstacles sur le chemin, mais une fois que vous connaissez le POURQUOI et que vous avez établi une connexion d'abord en vous-même, puis avec les autres, vous créez le COMMENT et, par conséquent, vous produisez le QUOI.

Why = The Purpose
What is your cause? What do you believe?

How = The Process
Specific actions taken to realize the Why

What = The Result
What do you do? The result of Why. Proof.

Simon Sinek, Le cercle d'or

Votre voyage est donc destiné à être utile, agréable, contributif et finalement couronné de succès.

Bonne chance à tous !

Jana Chynoradska
Contexte :

QUE devions-nous faire ? Quelle était la situation dans notre école de langues ?

Mettre fin à la tendance à la baisse des "performances" de l'école et trouver une nouvelle orientation pour l'école afin de maintenir ses activités à l'avenir.

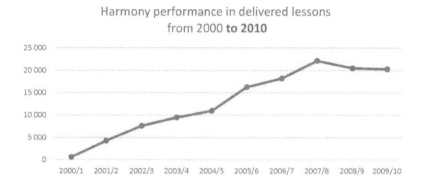

Comment avons-nous réussi à le développer ?

Dans le cadre de partenariats d'apprentissage avec des écoles de langues et des organismes de formation provenant des pays de l'Union européenne. Nous avons reçu le soutien des programmes Grundtvig et Erasmus ainsi que des agences nationales établies dans ces pays. En 2010, nous avons démarré le premier projet Learn&Lead en nous fixant les objectifs suivants :

- identifier nos besoins et nos dirigeants ;
- développer de nouveaux programmes de formation et un nouveau modèle d'organisation d'apprentissage et d'enseignement.

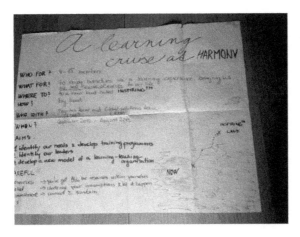

Une image que j'ai dessinée en juillet 2010 lors de la formation "Leadership for Teachers" dirigée par Adrian Underhill à Pilgrims, Canterbury, au Royaume-Uni.

POURQUOI sommes-nous passés par ce processus ?

Parce que ma responsabilité en tant que gestionnaire principal était de *trouver un avenir pour mon école, mes enseignants et mes formateurs.* C'est ce qu'ils m'ont "dit" pendant la formation dirigée par un autre formateur Pilgrims, Kevin Batchelor, en août 2010, lorsque nous sommes tous partis pour ce voyage aventureux.

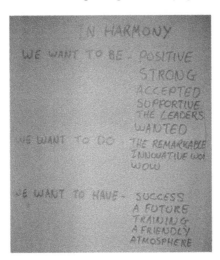

Une affiche élaborée par les formateurs Harmony lors de la formation Pilgrims animée par Kevin Batchelor à Harmony en Slovaquie en août 2010.

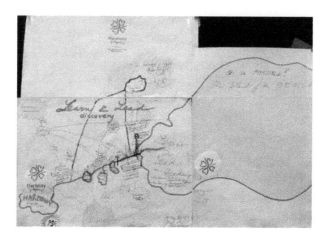

Cette image est la description du voyage que nous avons entrepris en juillet 2010. J'ai dessiné cette image en mai 2015 et j'ai réalisé la "position actuelle" de l'endroit où nous nous trouvions à ce moment-là.

Description de la structure de gestion fonctionnelle de l'école Learn&Lead (LaL SMS)

La structure fonctionnelle de gestion scolaire Learn&Lead (LaL SMS) s'inscrit parfaitement dans le cadre de développement PROLANTCAP et facilite sa mise en œuvre. Cette structure est basée sur le parcours de carrière des formateurs Learn&Lead qui non seulement offre aux enseignants et aux formateurs une carrière de formation professionnelle, mais les invite également à faire partie de la direction de l'école.

			learning
			learning while training
			training
			networking
			managing

Programme offer	Pricing level	Course management	Division of activities per month in %				
Leadership & Management Development	Level 3	Trainer	10	30	30	20	10
		Leader	10	30	10	30	20
		Developer	10	30	20	40	
Language & Communication Development	Level 1	Trainer	10	10	70		10
		Leader	10	10	40	20	20
		Developer	10	10	20	20	40
Sector Specialization Development	Level 2	Trainer	10	20	40	20	10
		Leader	10	20	30	20	20
		Developer	10	20	10	20	40

Le parcours professionnel du formateur Learn&Lead

La croissance et le développement d'une école de langues s'accompagnent de l'évolution de ses formateurs. Naturellement, nous choisissons l'un d'entre eux pour devenir notre directeur des études, qui gère à la fois les cours et les formateurs. Souvent, ces directeurs d'études manquent de temps pour enseigner/former et se retrouvent "coincés" dans l'administration et l'organisation de leur école. Souvent, ils décident d'abandonner et de retourner à l'enseignement, croyant avoir échoué.

Si vous appliquez le LaL SMS à votre école dès le début et/ou à tout moment pendant la durée de vie de votre école, vous ouvrez de nouveaux postes et répartissez l'administration et les responsabilités, ainsi que la liberté gérée, entre tous les membres de votre personnel. Le poste de DoS correspondant dans le LaL SMS est le poste de Leader (un formateur académique) qui forme/enseigne 40 % du temps (dans une semaine), travaille en réseau (par le biais d'événements sociaux, de médias sociaux, de mentorat/coaching de jeunes collègues) à 20 % et gère l'aspect académique des cours délégués (contrôle de la qualité par l'observation des classes, rapports de la salle de classe, mentors et/ou coachs, collègues-formateurs qui enseignent/forment dans leurs cours délégués).

En raison de cette variété de travail qui nécessite l'intégration d'autres compétences, un Leader se distingue des formateurs et commence à se spécialiser dans 1. la formation des enseignants, 2. automobile, 3. développement du tourisme, etc.

Le LaL SMS aide votre école à "faire émerger" ses propres leaders qui l'aideront à établir le deuxième niveau de services que vous offrez à vos clients pour une valeur ajoutée. Ceci est étroitement lié à leur "deuxième qualification" qui va de pair avec leur expérience acquise dans l'industrie choisie et la participation à des programmes de formation spécifiquement choisis et structurés.

Le principal avantage du LaL SMS est que vos formateurs (enseignants) se voient offrir une carrière qui peut être développée du niveau 1 (un réplicateur compétent) au niveau 3 (un facilitateur expert) en passant par le niveau 2 (un praticien averti) - formateur PROLANTCAP.

Il invite également les formateurs à se développer en termes de gestion, c'est-à-dire à devenir à la fois des leaders (DoS) et des développeurs (managers créatifs).

Cette structure flexible crée de nombreuses interconnexions entre les membres de votre personnel et permet aux formateurs de penser comme une équipe plutôt que comme un individu faisant son propre travail dans la salle de classe.

La première école utilisant le LaL SMS dispense environ 1 100 leçons (45 minutes) par mois et emploie 30 formateurs, 7 animateurs et 2 gestionnaires pour ce volume de travail. Chacun travaille selon ses propres choix en termes de volume de travail. Les responsables et les développeurs sont rémunérés en fonction des performances enregistrées dans la combinaison de la formation et de la gestion, tandis que les formateurs ne sont rémunérés que pour les performances en matière de formation. L'apprentissage et la mise en réseau font naturellement partie de leur travail à l'école et constituent une combinaison de travail rémunéré dans le cadre d'un projet et/ou de travail bénévole (développement de médias sociaux, fête de Noël, etc.).

Résumé :

Learn & Lead a été créé en 2010 par Jana Chynoradska, fondatrice et personnalité dirigeante de l'Académie Harmony en Slovaquie. Vous pouvez consulter le **parcours de découverte de Learn&Lead** ici. Cela vous ramène en 2010, lorsque Jana Chynoradska et son équipe d'enseignants enthousiastes de l'école de langues Harmony Academy ont entamé un voyage vers "The Inspiring TeacherManager Land" (le pays des enseignants et des managers inspirants). Aujourd'hui, ce voyage est connu sous le nom de "Learn&Lead Discovery" et vous pouvez en savoir plus à l'adresse suivante : www.learnandlead.eu .

Learn and Lead fournit aux écoles les outils et le savoir-faire nécessaires pour permettre à l'ensemble de leur personnel - formateurs et gestionnaires - de donner le meilleur d'eux-mêmes, de se développer en permanence et d'accepter la transformation.

La mission de Learn and Lead est de créer des environnements d'apprentissage inspirants en améliorant les performances des individus et des organisations, notamment dans les domaines du développement stratégique, de la gestion organisationnelle, du leadership, de la qualité de l'offre d'apprentissage, de l'internationalisation, de l'égalité et de l'inclusion.

Voici l'image qui illustre le parcours des personnes d'Harmony qui ont découvert le potentiel de Learn&Lead. Au fur et à mesure, ils ont été mis en contact avec d'autres écoles de langues et organisations partenaires, et chaque étape a été suivie par le SAAIC. Aujourd'hui, la stratégie Learn&Lead et ses produits constituent la base du cadre de développement des formateurs PROLANTCAP.

- Nous concevons et dispensons des programmes pour les formateurs, les enseignants et les gestionnaires en partenariat avec l'Association slovaque des écoles de langues et d'autres partenaires experts à l'étranger. Aujourd'hui, **Learn&Lead représente une structure fonctionnelle de gestion des** écoles et invite les écoles de langues à se connecter afin de croître et de se développer pour offrir des services de formation linguistique de meilleure qualité et de plus grande valeur dans toute l'Europe ;
- **Nous développons** et mettons en œuvre des innovations en matière de formation linguistique en partenariat avec l'Association slovaque des écoles de langues et d'autres partenaires experts de l'étranger ;
- **Nous recherchons des** talents dans les rangs des enseignants, des formateurs, des gestionnaires et d'autres membres du public et développons leur potentiel pour améliorer l'éducation en Slovaquie et à l'étranger ;

- **Nous modifions la** structure traditionnelle du système éducatif moderne, car nous sommes convaincus qu'une croissance et un développement dynamiques et sains de toute organisation ne peuvent être obtenus que par un apprentissage constant et mutuel ;

- **Nous mettons en œuvre des** projets de développement personnel et professionnel pour les enseignants, les formateurs et les gestionnaires modernes ;
- **Nous apportons les** dernières informations sur les développements et les tendances émergentes dans l'apprentissage des langues (et pas seulement) afin de trouver les opportunités les plus efficaces pour le développement personnel et professionnel ;
- **Nous proposons des** ateliers, des conférences et des forums ouverts, du coaching individuel et de groupe, des programmes accrédités de formation continue et des conseils spécialisés, liés à des projets, financiers et commerciaux.

Nous partageons notre passion, les connaissances acquises, l'expérience pratique et les résultats du travail créatif avec des partenaires, des professionnels et le public.

Vous trouverez ici nos réponses aux questions auxquelles nous devions répondre :

Comment surmonter une crise dans notre école/entreprise ?

Acceptez les crises comme une occasion d'apprendre et de devenir plus professionnel, plus original. Revisitez chaque recoin de votre entreprise et parlez à chaque personne que vous choisissez pour faire partie de l'avenir de votre entreprise. Assurez-vous d'apporter une vision à laquelle vos collaborateurs adhèrent, idéalement créez-la avec eux et laissez-les s'approprier leur prise de décision. Soyez prêt à prendre des risques et apprenez à déléguer correctement les tâches (en termes de personnes, de temps et d'argent).

Comment arrêter la baisse de performance de notre école/entreprise ?

En développant de nouveaux programmes et en modifiant la structure de gestion qui est entièrement liée à la carrière des formateurs.

Comment améliorer la qualité et augmenter les performances en même temps ?

En introduisant les postes de leader et de développeurs (gestionnaires créatifs) dans la structure de gestion de votre cours.

Comment convaincre nos clients que nous valons plus d'argent ?

Intégrez le marketing à votre routine quotidienne au travail. Communiquez avec vos clients et écoutez leurs besoins. Veillez à rendre publics leurs témoignages, qui constituent la meilleure publicité qui soit. Soyez patient et passez de la parole aux actes.

Où pouvons-nous trouver de l'argent/des fonds pour la formation professionnelle continue de notre personnel ?

Il existe des fonds publics (ERASMUS+, Vysehradsky fond, etc.) et des fonds privés. Dans le LaL SMS, nous avons une politique de financement individuelle claire, basée sur une leçon enseignée (45 minutes). Chaque formateur crée son propre financement de la formation continue en dispensant le nombre de leçons demandé dans le volume et la qualité souhaités.

Comment pouvons-nous maintenir notre école de langues dans le monde actuel, qui connaît une croissance et une évolution rapides ?

Par

- devenir une organisation d'enseignement et d'apprentissage,
- soutenir la philosophie de l'apprentissage tout au long de la vie,
- la prise en charge de votre peuple,
- répondre à leurs besoins qui sont liés à ceux de votre organisation.

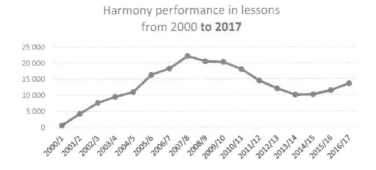

Harmony performance in lessons from 2000 **to 2017**

APERÇU DES PROJETS LEARN&LEAD

Projet INTRODUCTOIRE
Titre du projet :   Plan innovant de développement du personnel 2009 - 2010

Numéro de projet :   **27110230081**

Financé par :   Ministère du travail, des affaires sociales et de la famille de la République slovaque

Partenaires du projet :   The Language School Company Limited trading as Pilgrims, Royaume-Uni

Coordinateur :   HARMONY ACADEMY s.r.o., Slovaquie

Résultats du projet :   22 enseignants et formateurs formés, 2 gestionnaires et autres personnels formés
Mise en place d'une stratégie de formation des formateurs, des gestionnaires et d'autres personnels (base des projets Learn&Lead)

PROJET n°. 1
Titre du projet :   Apprendre et diriger 2010 - 2012

Numéro de projet :   **104110496**

Financé par :   Association académique slovaque pour la coopération internationale (SAAIC)

Programme :   Grundtvig

Partenaires du projet :   The Language School Company Limited trading as Pilgrims, Royaume-Uni, Globe Language Solutions, France

Coordinateur :   HARMONY ACADEMY s.r.o., Slovaquie

Partenaires du projet :   Pilgrims/ UK, GLS/France

Résultats du projet : Création de trois centres d'innovation pour les enseignants, les formateurs et les gestionnaires dans les organisations des partenaires du projet

Création de modules innovants pour les enseignants, les formateurs et les directeurs d'école : Créativité dans le leadership ; Approche centrée sur l'élève ; Intelligences multiples ; Application de l'EMILE dans l'enseignement et la formation aux langues étrangères ; Faire face au changement ; Techniques d'improvisation linguistique ; Enseignants en tant que leaders.

PROJET n° 2

Titre du projet : Apprendre et diriger pour les parents, 2013-2015

Numéro de projet : **134110865**

Financé par :

Association académique slovaque pour la coopération internationale (SAAIC) Grundtvig

Programme : Grundtvig

Partenaires du projet :

Centre des Nouvelles Techniques de Communication, Pau, France, Republikove centrum vzdelavani, s.r.o., Prague, République tchèque

Coordinateur : HARMONY ACADEMY s.r.o., Slovaquie

Résultats du projet : Création d'un cours européen innovant pour les parents "Parent as a leader". Il se compose de trois cours indépendants qui font partie du portefeuille de programmes Learn&Lead : Me connaître, connaître mon enfant ; Façonner notre vie ; Vivre en famille.

PROJET n° 3

Titre du projet : L'éducation et la formation tout au long de la vie (Be lll)2014-2016

Numéro de projet : **2014-1-SK01-KA104-000115**

Financé par :	Association académique slovaque pour la coopération internationale (SAAIC)
Programme :	Erasmus+, KA1
Partenaires du projet :	The Language School Company Limited trading as Pilgrims, Royaume-Uni, Anglolang Academy of English, Royaume-Uni, Regent Oxford, Royaume-Uni
Coordinateur :	HARMONY ACADEMY s.r.o., Slovaquie
Résultats du projet :	16 formateurs professionnels et managers formés aux CLNA, The Learn&Lead Career Path of a Trainer (Le parcours d'un formateur)

PROJET n°. 4

Titre du projet :	Développement de la structure de gestion fonctionnelle des écoles, 2014-2016
Financé par :	HARMONY ACADEMY s.r.o.
Partenaires du projet :	Pilgrims/UK, Regent Oxford/UK, Anglolang Academy/UK
Coordinateur :	HARMONY ACADEMY s.r.o., Slovaquie
Résultats du projet :	La structure de gestion fonctionnelle de l'école Learn&Lead

PROJET n°. 5

Titre du projet :	Apprendre, se former et travailler pour de meilleures perspectives et Employabilité, 2015-2017
Acronyme :	PROLANT-CAP
Numéro de projet :	**2015-1-SK01-KA202-008883**
Période du projet :	Septembre 2015 - août 2017
Financé par :	
	Association académique slovaque pour la coopération internationale (SAAIC)

Programme :   Erasmus+, KA2

Site web :   www.prolantcap.eu

Partenaires du projet :

Angolang Academy, **Royaume-Uni,** am Language Studio, **Malte,** Euroform RFS, **Italie,** Biedrība Eurofortis, **Lettonie,** Centre des Nouvelles Techniques de Communication, **France**

Coordinateur :   Association des écoles de langues en Slovaquie, **Slovaquie**

Résultats du projet :

Création d'un plan de carrière structuré pour les formateurs en langues étrangères (The PROLANTCAP Trainer Development Framework) qui ne travaillent pas dans un environnement éducatif traditionnel ; développement de deux programmes de formation linguistique spécifiques à un secteur (un pour le développement du tourisme et un pour l'industrie automobile) en utilisant la méthodologie CLIL.

EPILOGUE

Aujourd'hui, je sais qu'il faut accorder plus d'attention aux gens à la maison, à l'école, dans une entreprise, au bureau ou dans la rue. Il est nécessaire d'écouter les gens et de les laisser prendre des décisions fondées sur leurs propres croyances et opinions. Celles-ci se forment dans notre enfance et la plupart d'entre elles sont mises à l'épreuve tout au long de notre vie. Les travailleurs ont besoin d'en savoir plus sur l'entreprise dans laquelle ils travaillent, sur sa vision, sa culture, sa mission et sa raison d'être. Les personnes qui travaillent ont besoin de sentir que leurs responsables/leurs dirigeants se soucient d'elles. Ils doivent savoir et sentir que leur travail est apprécié et que leur présence est palpable. Ils ont besoin d'un espace sûr pour se réaliser, ce qui implique une motivation intrinsèque pour leur travail. S'ils font confiance aux personnes qui les dirigent au travail, ils se laissent naturellement influencer par l'environnement de travail grâce auquel ils peuvent continuellement se développer et s'épanouir, d'abord dans leur propre intérêt, puis dans celui de l'entreprise qui leur fournit du travail.

Aujourd'hui, les gens s'intéressent naturellement à ce qui se passe autour d'eux et ne se laissent pas duper facilement. Les gens savent que leur vie est entre leurs mains. Ils savent que leur vie est le cadeau le plus précieux qu'ils possèdent, et ils veulent donc la gérer au mieux de leurs capacités. Ils sont les créateurs des choses sur lesquelles ils se concentrent et qui sont amenées dans la vie par leurs propres décisions. S'ils se soucient vraiment du cadeau qui leur a été donné à la naissance, ils sont naturellement avides de nouvelles connaissances, d'apprentissage tout au long de la vie et de progrès pour eux-mêmes et pour les choses qui les entourent.

Permettre aux gens de se développer est la tâche de tout manager qui dirige aujourd'hui une classe, une école, une entreprise ou toute autre communauté de personnes.

Permettons aux personnes de grandir et d'être authentiques. Permettons-nous d'être les porteurs authentiques des valeurs qui, grâce à nous, constituent la base de la société dans laquelle nous vivons. Permettons-nous de créer et de fournir des solutions originales pour le monde !

Nous avons réussi à résoudre la crise de Harmony Academy en créant le modèle original de gestion fonctionnelle lié à un parcours de développement de carrière d'un formateur Learn&Lead qui sont maintenant la base d'un parcours de développement professionnel d'un formateur PROLANTCAP. Nous avons pu surmonter les barrières insurmontables et construire les fondations de l'impossible. Nous avons une raison de continuer à vivre, à travailler et à contribuer au développement de la société dont nous faisons partie. Aujourd'hui, très sérieusement, je choisis *Learn & Lead*. Je choisis parce que c'est ma vie et que ma décision ouvre la voie à la société dont je suis responsable.

Bonne chance à tous !
Jana Chynoradska

Milton Keynes UK
Ingram Content Group UK Ltd.
UKHW010853280324
440101UK00001B/223

9 786207 273898